# 競合と差がつく
# クリニックの経営戦略
## Googleを活用した集患メソッド

新宿駅前クリニック院長
蓮池 林太郎

JMP
日本医療企画

# はじめに——クリニックが繁盛し続けるためのノウハウを公開！

蓮池林太郎と申します。私は、医療法人社団ＳＥＣ理事長、新宿駅前クリニック院長として、クリニックを経営しているだけでなく、クリニックの開業支援や経営コンサルティングを行っています。

新宿駅前クリニックは、医師1名と医療事務1名で２００９年に開業しました。32人の患者さんにご来院いただいた開業1日目のことは今でも覚えています。世界一の乗降客数を誇る新宿駅周辺は、日本有数のクリニック激戦区であり、閉院するクリニックが後を絶ちません。そうしたなか、当院は立地がよいわけでも、私の患者コミュニケーションスキルが特別に高いわけでもないのに、開業から11年間、安定した経営を継続することができました。その要因を振り返ると、患者さんがインターネットでクリニックを探す時代となり、その流れに乗ることができたからだと分析しています。

実際、グーグルを活用したネット集患の研究と実践を繰り返してきたことで、順調に患者さんの数は増え続けてきました。開業5年目には常勤医師5名体制となり、1日の新規患者数１００人、来院患者数４００人、年間来院患者数10万人の規模までクリニックは成長し、新型コロナウイルスの影響を受ける最近まで、1日の来院患者数は４００人から５００人前後で推移していました。

現在、クリニックの数は全国的に増え続けているにもかかわらず、外来患者数は減少しています。クリニックを取り巻く経営環境は日々厳しくなり、クリニック間の競争は激しさを増しています。こうした状況を踏まえ、「競合と差がつくクリニックの経営戦略」をテーマに本を執筆することにしました。

本書では、私が研究し続けてきた専門分野であるネット集患について、多くのページを割いています。自院のホームページを検索結果で上位表示させるために必要なSEO対策やMEO対策、検索連動型広告の活用、口コミへの対応など、インターネットの知識があまりない方でも理解しやすいように解説しています。また、開業医が抱えがちな問題として、自院の拡張や分院展開、労務トラブルの予防策と失敗事例、理念経営の導入などを章ごとに分けて構成し、クリニックが繁盛し続けるためのノウハウをまとめました。最初から読んでいただくことも、気になる章から読んでいただくこともできます。

私の本業は自分が運営するクリニックの経営であり、個人のホームページによる情報発信やクリニックの経営コンサルティングは、趣味の範囲になりますが、無償で行っています。「なぜ、無償で行っているのか?」と不思議に思われることもありますが、理由を挙げるとすれば、もともとお節介な性格で気の合う人にノウハウを教えたいという気持ちが強いからでしょうか。コンサルティングをさせていただいたクリニックが繁盛して、開業医の先生に喜んでもらえると大変やりがいを感じます。また、無償で行っているからこそ、これまで培ったノウハウと経験を包み隠すことなく本に書くことができます。これはコンサルティングを専業とされている方との大きな違いです。

本書には、今まで常識とされてきたクリニック経営とは異なることも書いてありますが、ぜひ最後までお読みいただき、皆さまのクリニックがより繁盛されることに少しでもお役に立てますと幸いです。

2021年3月吉日

**蓮池林太郎**

## STEP 1
# 競合クリニックと差がつくネット集患の仕組み

STEP 2

# 自院の拡張か分院展開か 事業拡大の成功法則

## STEP 3 労務トラブルを回避するための予防策

## STEP 4 失敗事例に学ぶ労務トラブル解決法

## STEP 5 理念経営は導入すべきか

STEP 6

## 将来起こり得る経営危機に備える

STEP 1

# 競合クリニックと差がつくネット集患の仕組み

01

# グーグルを活用したネット集患の基本戦略

## 激戦区で1日100人の新規患者を集める方法

私は、2009年に東京都新宿区で新宿駅前クリニックを開業しました。日本有数のクリニック激戦区である新宿駅前という立地にありながらも、1日100人を超える新規患者さんが訪れています。

大都会新宿には看板が無数にあり、当院はビルの5階にあることから、看板でクリニックの存在を知ってもらうことはできません。そのため、新規患者さんは口コミ以外はほぼすべてインターネット（ネット）経由になります。ネット集患の力が新規患者さんの人数に直結し、ネット集患がうまくいかなければ、死活問題になるわけです。自分の運営しているクリニックがネット上であまり表示されなくなってしまえば、最悪の場合、閉院になってしまう可能性もあります。

ネットマーケティングは日々変化していて、最新の知識を情報収集していかなければ、すぐに取り残されてしまいます。そのため、私は日々研究を続けていますが、最近では初めてお会いする開業医の先生に「専門は？」と聞かれると、「医療のなかではネットマーケティングで、特にSEO（Search Engine Optimization：検索エンジン最適化）が専門です」と冗談をいうくらいです。

スマートフォン（スマホ）が普及して、検索エンジンにキーワードを入力して、飲食店などのお店を選ぶことが当たり前の時代になりました。クリニックを選ぶ際も同じように、スマホで検索エンジンにキーワードを入力して選ぶようになっています。

戦国時代、鉄砲を導入した織田信長が勢力を拡大したように、ネットに力を入れているクリニックが新規患者さんを集めており、ネットは現代における「鉄砲」であるともいえます。

ＳＴＥＰ１では、「患者さんはスマホやパソコンで、どのようにクリニックを探しているのか？」「検索結果で上位表示されるにはどうしたらいいのか？」といった疑問について、ネット集患に関する知識がない開業医の先生でもわかりやすいように解説していきます。書かれている内容を理解していただければ、ネットサービスを提案する業者に騙されることなく、自分である程度、提案内容の良し悪しを判断することができるようになります。

## 開業医はネット集患から逃れることができない

「私はネットに疎いから……」と勉強するのを敬遠する開業医の先生もいますが、これからの情報社会で開業医を続けていくためには、ネット集患から逃れることはできません。今後、スマホでクリニックを探す人の割合はますます増えていきます。クリニックを取り巻く環境はより厳しくなっていくと予想されています。

地方など医師が少なく競争が激しくない地域であれば、「ホームページがない」「ホームページがあったとしてもまったく力を入れていない」といったクリニックでも繁盛しているケースがあるかもしれません。しかし、開業志望の医師は、開業候補地にある競合のホームページを必ずチェックしています。将来的に競合クリニックができやすい状態を放置している危険な状態ともいえます。

私は開業医の先生から「ホームページの制作会社はどこがいいですか?」「ネット業者からMEO(Map Engine Optimization:マップエンジン最適化)に関するサービスをすすめられているけど、やったほうがいいですか?」「有料の病院検索サイトには登録したほうがいいですか?」といった相談をたびたび受けます。おそらく、良し悪しを判断する知識がなく、ご相談いただくのでしょう。

ネット集患についての基礎知識を身につけ、「どのような施策をすればいいのか?」がわかるようになり、業者に騙されることなく適切なネットサービスを取捨選択できることは、開業医として必要な「経営力」の1つです。

## なぜ、検索結果の上位に表示されなくてはいけないのか?

クリニックを探す場合、多くの人がスマホやパソコンで検索しています。どのようなキーワードを検索窓に打ち込んでいると思いますか?

患者さんがクリニック探しをするとき、主に「地域名+診療科目名」(実際は1マス空けですが、「+」と表記)で検索しています。たとえば、「新宿+内科」の検索キーワードで調べている人は、新宿で内科を探すという検索意図があります。地域や診療科目にもよりますが、おおよそ8割前後がスマホ、2割前後がパソコンになります。都心や若年層ほどスマホの割合が高く、地方や高齢者ほどパソコンの割合が高い傾向にあります。

## ①スマホとパソコンの見え方の違い

スマホは、パソコンに比べて画面が小さいため、検索結果の画面で下のほうの順位までは閲覧しにくく、より多くのクリニックを比較することが困難です。そのため、上位に表示されているクリニックに患者さんが集中する傾向があります。

## ②検索連動型広告、マップ検索結果、自然検索結果の順で表示される

検索窓に「地域名＋診療科目名」で検索キーワードを入力すると、検索結果の画面が表示されます。通常、検索結果の画面は、検索連動型広告、マップ検索結果、自然検索結果の順で表示されます。

3種類ありますが、3種類はそれぞれ別々のルールで表示されています。検索連動型広告は0～4つ、マップ検索結果は1位から3位まで、自然検索結果は1位から10位まで表示されます（図表1）。

マップ検索結果と自然検索結果は、検索エンジンがホームページを独自のシステムで評価し、検索結果を決めています。これは、検索連動型広告と違ってお金を払えば上位に表示されるわけではありません。

## ③上位に表示されないとクリックされない現実

検索キーワードを入力した人は、その検索結果を上から順に閲覧していくことになります。不公平と感

## 図表1 検索結果の表示のされ方とクリック率

### ●検索連動広告

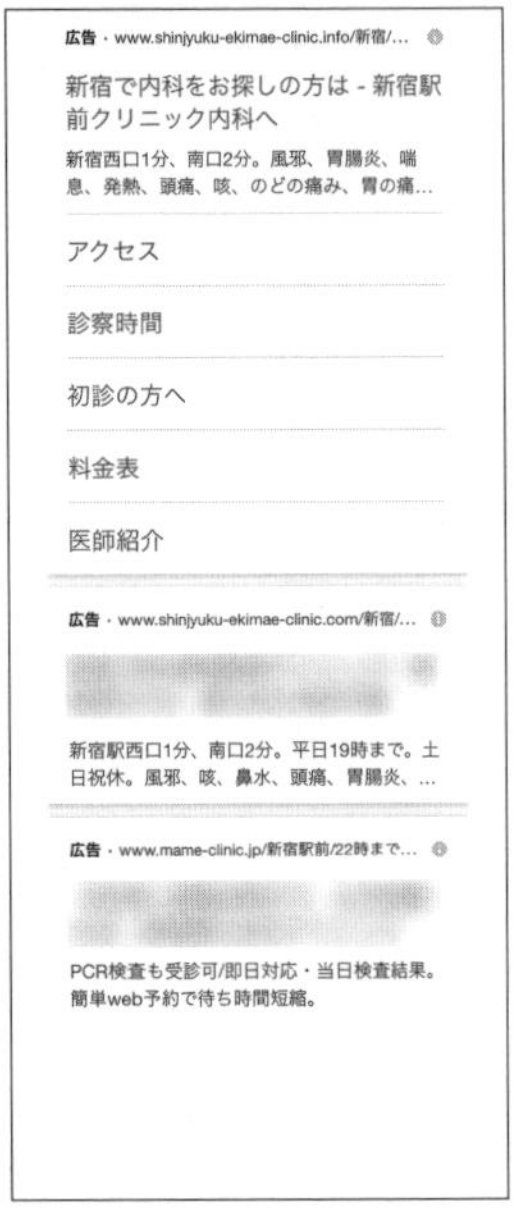


| 順位 | クリック率 |
|---|---|
| 1位 | 10% |
| 2位 | 8% |
| 3位 | 5% |

### ●マップ検索結果

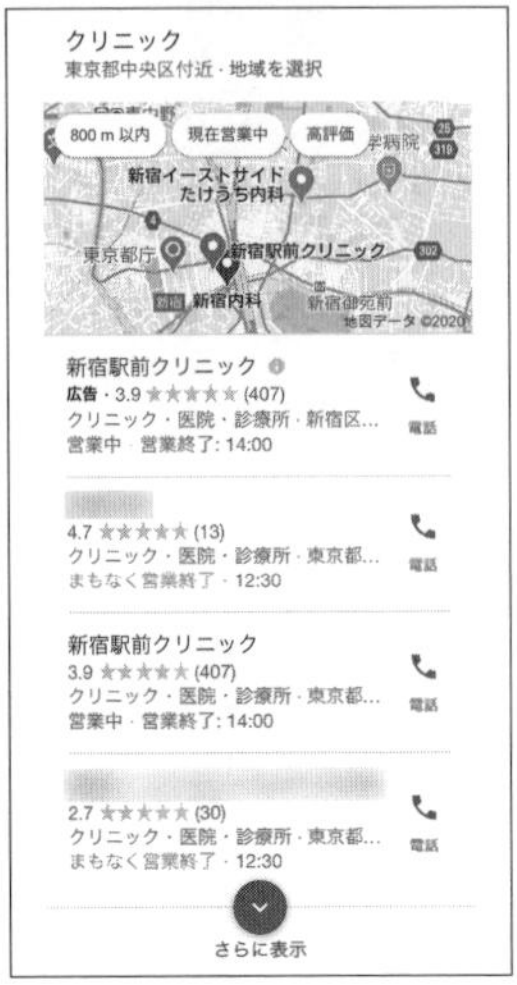


| 順位 | クリック率 |
|---|---|
| 1位 | 10% |
| 2位 | 8% |
| 3位 | 5% |

### ●自然検索結果

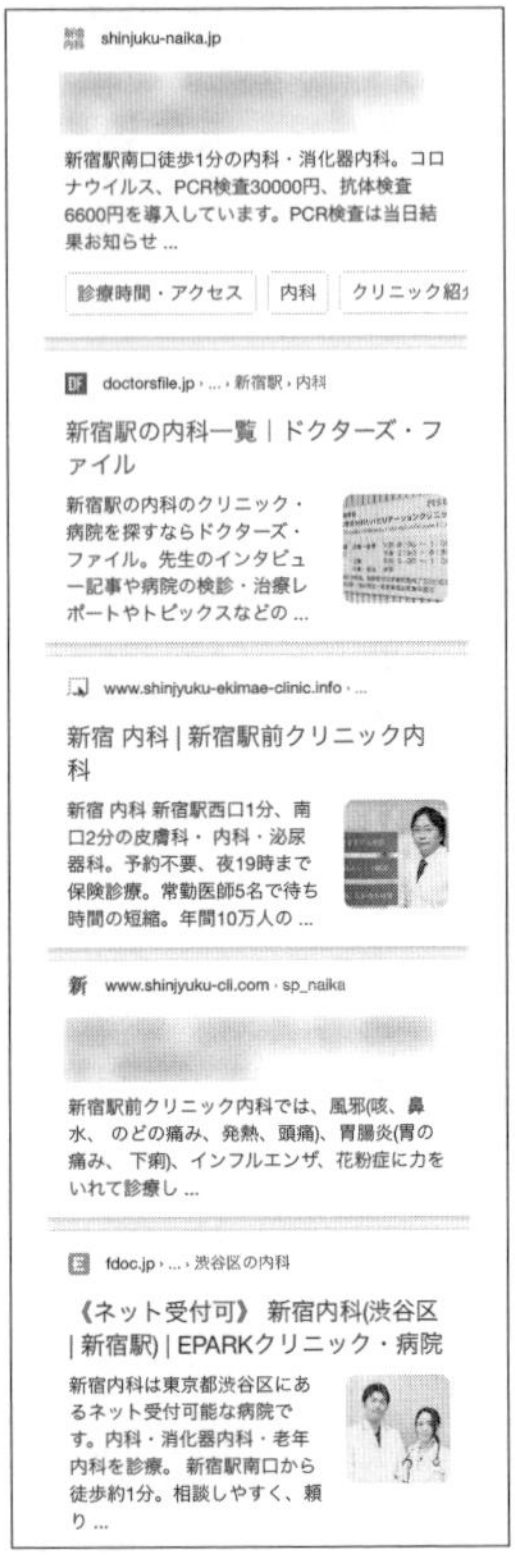


| 順位 | クリック率 |
|---|---|
| 1位 | 20% |
| 2位 | 10% |
| 3位 | 6% |
| 4位 | 5% |
| 5位 | 4% |
| 6位 | 2% |
| 7〜10位 | 1% |

※画像はスマホによる「新宿＋内科」の検索結果。自然検索結果の画像は上位5位まで。

※クリック率はあくまで目安であり、実際は大きく異なることがあります。また、高い順位のサイトより低い順位のサイトのほうがクリックされることもあります。広告が表示されないことや、自然検索がマップ検索結果よりも上位に表示されることもあります。

じるかもしれませんが、基本的には上位に表示されるほどクリックされる確率が上がります。

自然検索結果で1位のキーワードのクリック率が20％だと仮定すると、おおよそ2位10％、3位6％、4位5％、5位4％、6位2％、7位から10位1％前後です。1位と10位のクリック率では20倍の差が出ます。検索結果でより上位に表示されることが重要です。

### ④2ページ目以降だと存在しないのと同じ

逆にいうと、たとえ検索結果に表示されたとしても、2ページ目以降に表示される場合は、ほとんどクリックされません。そのため、ネット上に存在しないのとほぼ同じことになってしまいます。

また、大都市を中心にクリニックが多い地域では、クリニックのホームページが1ページ目に表示されないことも珍しくありません。

## 大都市は住宅街よりもクリニック格差が広がる

ネット集患勝負の大都市は、立地勝負の住宅街よりクリニック格差が広がります。それはなぜでしょうか？　大都市では、患者さんがネットでクリニックを探されますが、住宅街では、普段の生活のなかでクリニックが認知されやすく、ネットで探されにくい傾向があるという違いが影響します。

### ①ネット集患勝負の大都市の場合

大都市のクリニックはビルの2階以上にあることが多く、普段の生活のなかでクリニックが認知されにくいため、患者さんはネット検索でクリニックを探されます。スマホで「地域名＋診療科目名」で検索したときのクリック率の通り、上位に表示されているクリニックに患者さんが集中します。逆に、上位表示されていないクリニックは存在を知られることがありません。結果的に、上位表示されているクリニックと上位表示されていないクリニックの格差が広がってしまっているのです。

### ②立地勝負の住宅街の場合

住宅街のクリニックは、普段の生活のなかで認知されているため、大都市と比べるとネット検索されにくく、立地が新規患者さんの数と相関します。駅からの距離、人通り、1階か2階か3階以上か、看板や入口が目立つ目立たないなど、立地の良し悪しにより認知度は異なるものの、大都市のように寡占化は起こりにくく、新規患者さんは分散します。

## ネット集患を成功させるための3つの対策

では、検索結果で上位に表示されるためには、どうしたらよいでしょうか？　次に挙げる3つの対策が必要です。

**・検索エンジンを最適化する（SEO）**

・マップ検索エンジンを最適化する（MEO）
・検索連動型広告を入札する

SEOは、グーグルやヤフーなどの検索エンジンでキーワード検索した際に、自院のホームページを上位に表示させるための対策で、3つの対策のうち最も重要です。

MEOは、SEOがうまくいっていればうまくいきやすい相関関係にあります。また、検索連動型広告はどのクリニックでもお金をかければできるので、あまり差がつきません。

次節以降では、3つの対策について解説していきます。

02

# SEO対策を制する者がネット集患を制す

## 自然検索結果は1位を目指そう！

内科、小児科、整形外科、耳鼻咽喉科、眼科、皮膚科などは、自宅や職場の近くで医療機関を探している人がほとんどです。

患者さんは、「地域名＋診療科目名」で検索することが多く、「地域名＋診療科目名」で上位に表示されれば、新規患者さんの数は増えます。自然検索結果のクリック率の目安は1位が20％ですので、できれば1位を目指したいところです。逆に6位以下に表示されたとしても、「地域名＋診療科目名」で検索している人には、あまり知られることがありません。

「地域名＋診療科目名」で上位表示されるためには、まず当たり前のことですが、クリニックが「地域名」に存在しなければなりません。たとえば、「新宿＋内科」で検索している人は、「新宿」にある「内科」を探しているわけですから、クリニックが新宿になければ、検索意図とずれてしまいます。

グーグルはクリニックのホームページを満足度と信頼度の2つの軸で評価しています。満足度や信頼性が高いサイトが上位に表示されやすくなっています。

## 自院のホームページの満足度を高める

グーグルは、どのように満足度を評価しているのでしょうか？　「大変満足しました」「満足しました」「不満足でした」「大変不満足でした」など、ユーザーが回答するアンケートなどを毎回実施するわけにはいきません。そのため、人工知能（ＡＩ）などを活用して、検索ユーザーの行動を満足度の指標にしています。主な指標として、ホームページの滞在時間、ホームページ内での平均ページビュー（ＰＶ）、直帰率（ホームページを訪れた際に着地したページだけを見てそのままホームページから離脱してしまう割合）などを参考にしています。

### ①クリニックのイメージが伝わる写真・動画

満足度を高めるコンテンツを作るには、文章以外にも写真や動画、図解を掲載するなどの方法があります（図表2）。

写真は、クリニックの外観、受付、待合室、診察室、処置室、医療機器、医師本人などを使用します。自分たちで撮るのではなく、ホームページ制作会社と提携しているプロの写真家に依頼するとよいでしょう。それだけ写真は大事な要素です。退職した看護師や医療事務などの写真を使い続けていると、本人から削除して欲しいといわれることがあるので注意が必要です。

動画は、制作費用がある程度かかるため、導入するかは慎重に検討したほうがよいですが、満足度は高まりやすくなります。

## 図表2　クリニックのイメージが伝わる写真

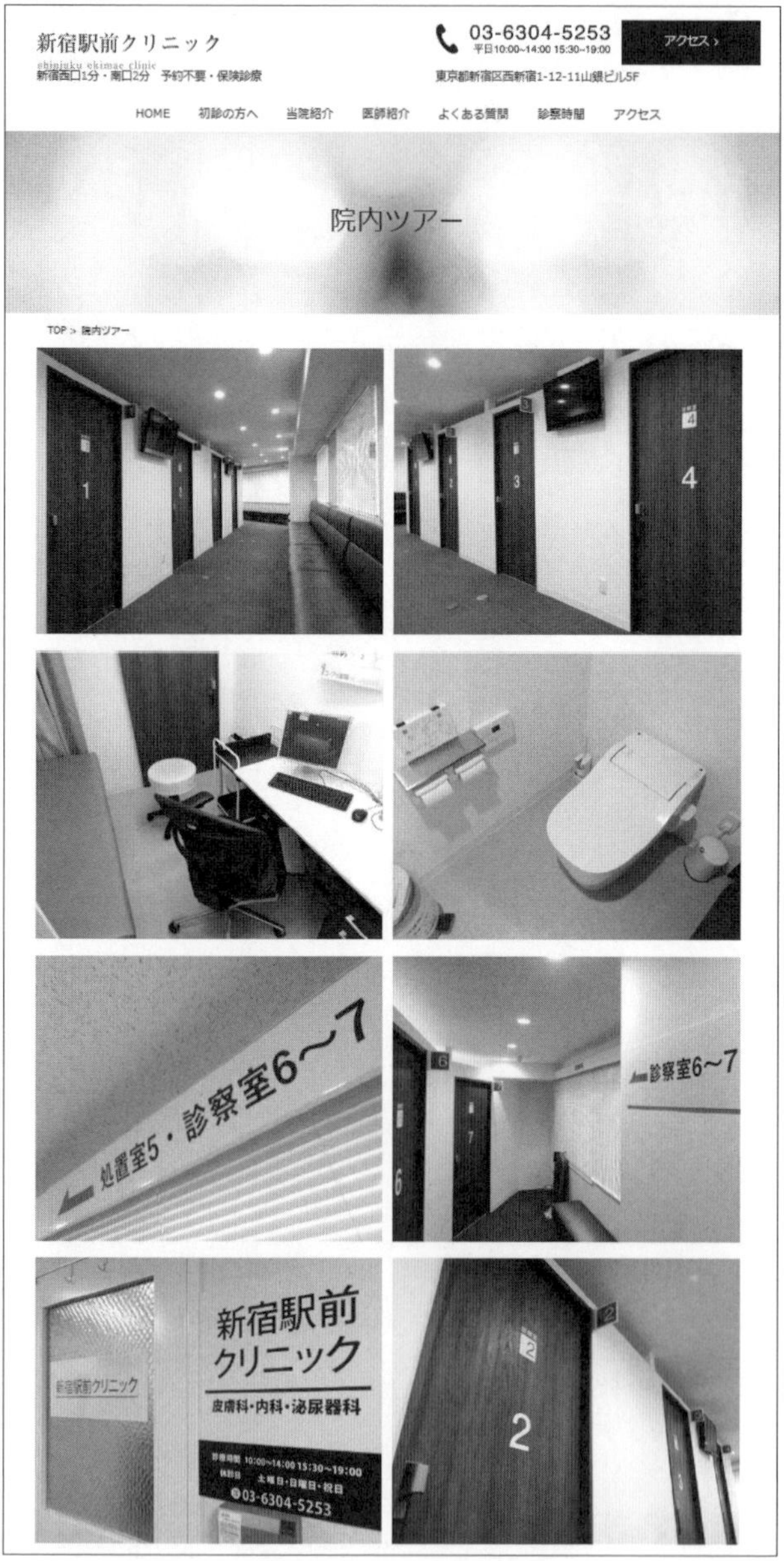

### ②オリジナリティのある文章

他のホームページのコピーなどではなく、オリジナルの内容であることも重要です（図表3）。どんなに素晴らしい文章でも他のサイトのコピーだとグーグルからまったく評価されません。少し表現を変えたぐらいでは見抜かれてしまいます。

文章は、医師本人がわかりやすく書ければよいのですが、医療ライターに書いてもらい、医師がチェックするのが一般的です。医療ライターの文章力は個人差がありますので、多少費用が高くても実績のある人のほうが安心感はあります。

医師本人が書くと難しくわかりにくくなってしまうこともあり、上手な医師とそうでない医師とでかなり個人差があります。

### ③トップページのタイトルに地域名と診療科目名を含める

必須ではありませんが、トップページのタイトルには不自然でない形で地域名と診療科目名を含めたほうがよいでしょう（図表4）。

## 自院のホームページの信頼性を高める

グーグルは、どのように信頼性を評価しているのでしょうか？　いくら人工知能が発達してきたからといって現在のグーグルの技術では、クリニックがホームページ上で提供している病気などの情報が正しい

## 図表3　オリジナリティのある文章

# インフルエンザ

新宿駅前クリニック内科では、インフルエンザ予防接種、インフルエンザ検査、飲み薬や吸い薬による治療もおこなっております。

インフルエンザ予防接種は、2020年10月1日より、1回4000円(税込)、予約不要で実施しております。
事前に予約が必要な予約制ではございませんので、予約なしでお打ちしております。受付時間内のご都合のよろしい時間に新宿駅前クリニック受付へお越しください。

## インフルエンザ予防接種

インフルエンザワクチンを予防接種することにより、感染率や重症化率を下げることができます。
新型コロナウイルスとの同時流行が懸念されており、厚生労働省より接種が推奨されております。

インフルエンザ予防接種はこちら ›

## 原因

インフルエンザウイルスが、気道の粘膜に感染することによって起こります。

すでに発症している人の、くしゃみや咳によって飛沫感染することがおもな原因です。その他にも口元や鼻にさわってからドアノブや手すり等にさわることで、他の人の手にウイルスが移り、その後に口元に触れることが原因になるなど環境を介して感染することもあります。

※感染している可能性がある場合には、来院の際にマスクの着用をお願いします。

## 感染者数と致死率

毎年、日本国内での感染者数は1千万人ほど、インフルエンザがきっかけで1万人ほど(超過死亡含む)が亡くなり、致死率は0.1%未満と推計されています。

## 症状

高熱、関節痛、のどの痛み、頭痛、倦怠感などの症状があります。風邪と比べると症状が重く出ることが多いのですが、発熱に関しては37度台前半など高熱が出ないケースもあります。熱が低くても他の症状などから総合的に判断してインフルエンザが疑われる場合には、念のため検査をおすすめすることもあります。

## 検査

「インフルエンザ迅速検査」をおこなっています。綿棒で鼻の奥の粘膜を擦って、ウイルス感染をしているかチェックします。10分ほどで、検査結果がA型陽性、B型陽性、陰性(マイナス)に分かれて判定します。　自己負担3割の保険適応であれば、1000円前後の費用負担になります。

新型コロナウイルスPCR検査はこちら ›

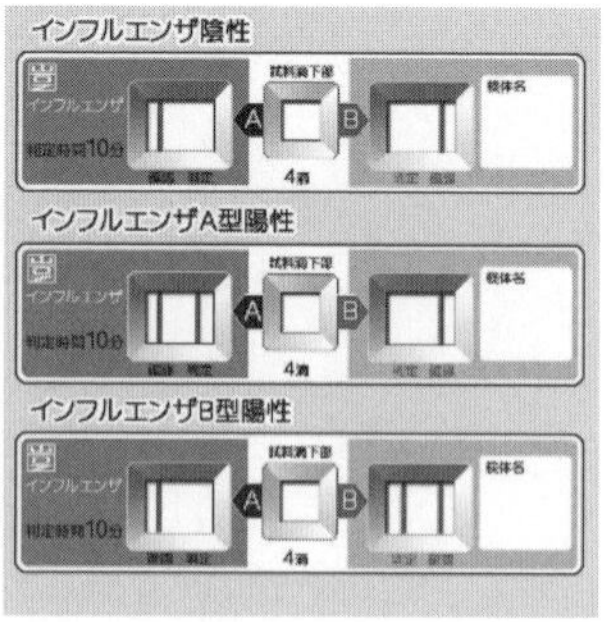

**図表4　トップページのタイトル**

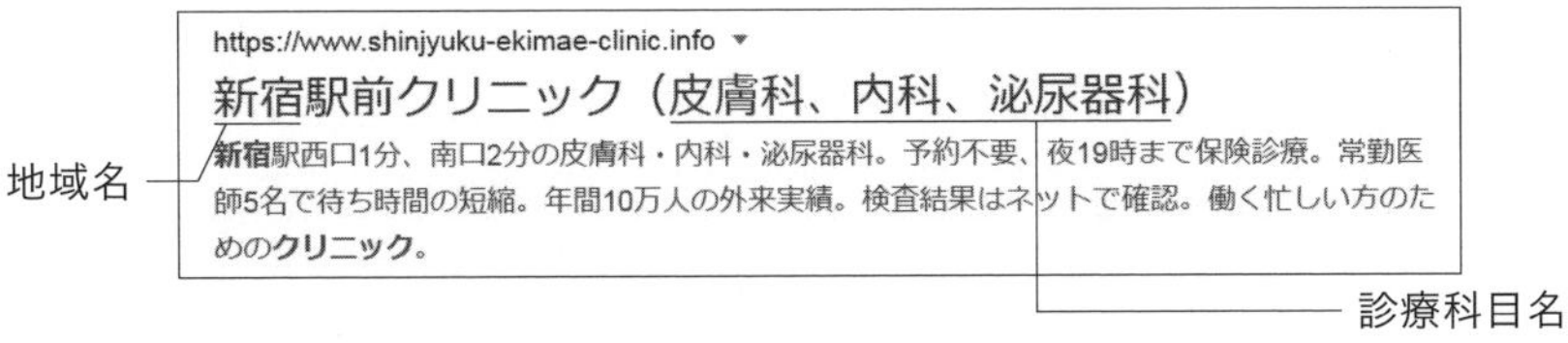
https://www.shinjyuku-ekimae-clinic.info ▾
新宿駅前クリニック（皮膚科、内科、泌尿器科）
新宿駅西口1分、南口2分の皮膚科・内科・泌尿器科。予約不要、夜19時まで保険診療。常勤医師5名で待ち時間の短縮。年間10万人の外来実績。検査結果はネットで確認。働く忙しい方のためのクリニック。
地域名
診療科目名

かどうかまでは把握しきれていません。グーグルは、次に挙げるようないくつかの指標で信頼性を評価しています。

## ①外部リンク

他のサイトからリンクしてもらえるホームページは、信頼されているといえます。他のサイトのなかでも、権威性の高いサイトからのリンクがあると、より信頼性が高まります。病院検索サイト、学会、製薬会社、医療機関、医師会などの権威性のあるサイトに依頼し、クリニックのＵＲＬを掲載してもらい、外部リンク（被リンク）してもらいます。

権威性はあまりなくても、同じ地域にある公共性の高いサイトから被リンクしてもらうのも効果的です。登録できるのに登録されていない場合は、ホームページの管理者などに問い合わせて、登録の申請を行います。

## ②発リンク

ホームページに信頼のおける学会や製薬会社などのサイトのＵＲＬを掲載してリンクをすると、若干ではありますが、信頼性が高まるといわれています。あくまで必要性があればですが、根拠となる参考文献を掲載し、より詳しい説明が必要な場合には、そのページへリンクします。リンク先のサイトで知りたいことを知ることができ、信頼性だけでなく、満足度が高まることになります。

### ③薬機法や医療広告ガイドラインの遵守

ホームページは、薬機法（医薬品、医療機器等の品質、有効性及び安全性の確保等に関する法律）や医療広告ガイドラインを遵守している必要があります（図表5）。薬機法や医療広告ガイドラインで使ってはいけない表現、画像は掲載しないように注意してください。今のところペナルティになっていなくても、今後なってしまう可能性があります。訂正もしくは削除するべきですが、気づかないうちに違反をしてしまっていることがありますので、注意しましょう。

グーグルには、サーチクオリティーチームという組織があり、人間の目でサイトを評価しています。違反があると手動でペナルティの通知が来ることがあります。また、自動でペナルティとなるキーワードが設定してあり、ある条件に当てはまると、特に通知もなくペナルティとなるシステムがあります。

### ④ドメインの運営期間

老舗企業は信用されやすいのと同じように、ホームページもドメインの運営期間が長いほうが信頼性は高いとされています。新規開院のクリニックでホームページを作成する際は、信頼性はどうしても低くなってしまいます。そのため、開院の半年以上前からホームページで告知しているクリニックもあります。

## 図表5　医療広告ガイドラインが規定する禁止の対象となる広告

**（1）広告が可能とされていない事項の広告**
→専門外来※、死亡率・術後生存率等、未承認医薬品（海外の医薬品やいわゆる健康食品等）による治療の内容
※「糖尿病」「花粉症」「乳腺検査」等の特定の治療や検査を外来の患者に実施する旨の広告は可能であり、専門外来に相当する内容を一律に禁止するものではない。

**（2）内容が虚偽にわたる広告（虚偽広告）**
→「絶対安全な手術です！」「どんなに難しい症例でも必ず成功します」

**（3）他の病院または診療所と比較して優良である旨の広告（比較優良広告）**
→「肝臓がんの治療では、日本有数の実績を有する病院です」「著名人も当院で治療を受けております」

**（4）誇大な広告（誇大広告）**
→「知事の許可を取得した病院です！」「（美容外科の自由診療の際の費用として）顔面の○○術１カ所○○円」

**（5）患者その他の者の主観または伝聞に基づく、治療等の内容または効果に関する体験談の広告**
→患者自身の体験や家族等からの伝聞に基づく主観的な体験談を当該医療機関への誘引を目的として紹介すること

**（6）治療等の内容または効果について、患者等を誤認させる恐れがある治療等の前または後の写真等の広告**
→術前または術後（手術以外の処置等を含む）の写真やイラストのみを示し、説明が不十分なもの

**（7）公序良俗に反する内容の広告**
→わいせつ、もしくは残虐な図画や映像または差別を助長する表現等を使用した広告など

**（8）その他**
・品位を損ねる内容の広告
→費用を強調した広告、提供される医療の内容とは直接関係ない事項による誘引
・他法令または他法令に関する広告ガイドラインで禁止される内容の広告
→薬機法、健康増進法、景表法、不正競争防止法

他にも、医療機関が新聞や雑誌等に費用を負担して記事の掲載を依頼することにより患者等を誘引するいわゆる記事風広告、病人が回復して元気になる姿のイラスト（回復を保障すると誤認を与える恐れがあるもの）などが禁止されています。また、診療科目名については広告可能な診療科目名が政令で定められています。

出典：厚生労働省「医業若しくは歯科医業又は病院若しくは診療所に関する広告等に関する指針（医療広告ガイドライン）等について」をもとに作成

### ⑤SEOはローリスクで保守的な対策を

ローリスクで保守的なSEOをおすすめしています。極端にハイリスクハイリターンなSEOは当たればよいのですが、当たらなければ圏外に飛ばされてしまう可能性もあります。

現在グーグルは、医療健康領域の自然検索結果の順位については神経を尖らせています。ちょっとした違反や尖った施策で順位が下がる可能性は十分にあります。

## 屋号や標榜診療科に関する注意点

グーグルで、「地域名＋診療科目名」や「診療科目名」などのキーワードを検索した場合、○○クリニックよりも、○○内科、○○小児科、○○整形外科にしたほうが上位表示されやすくなっています。現在、屋号に地域名や診療科目名が含まれているクリニックは上位表示されやすくなっています。

たとえば、「新宿＋内科」というキーワードであれば、「やまだたろうクリニック」よりも「新宿やまだ内科」のほうが上位表示されやすくなります。必須ではありませんが、新規開業や分院展開を単科でするなら、屋号に地域名と診療科目名を入れることをおすすめします。

産婦人科の開業医が産婦人科以外に内科、小児科、皮膚科、美容皮膚科を標榜していたり、泌尿器科の開業医が泌尿器科以外に皮膚科、内科を標榜しているなど、1つのクリニックで複数科目を標榜しているところも少なくありません。その場合には、屋号に診療科目名が含まれていないため、屋号に含まれているクリニックに比べて、上位表示されにくい傾向にあります。あくまで上位表示されにくいだけで、上位表示されないわけではありません。

## 「病院検索サイト」にクリニックの情報を掲載する

病院検索サイトとは、各クリニックのホームページとは別に、それぞれのクリニックの口コミなどを掲載しているサイトのことで、複数の運営会社があります（図表6）。

自院の「地域名＋診療科目名」などで検索した場合の自然検索結果には、病院検索サイトが表示される場合もあるので、登録しておくことが大切です。無料で登録できるクリニックの基本情報は、迷わず登録しましょう。そのうえで有料掲載するかどうかは、それぞれのサイトで閲覧数が公開されていますから、その閲覧回数を見て、有料掲載の価値があると判断できれば広告を出すことを検討します。一般内科のクリニックであれば、有料登録することによりＰＶが増えて、１ＰＶ当たり30円前後以下などであれば検討してみてもよいかもしれません。ただし、残念ながら現状、費用対効果に見合う病院検索サイトはあまりありません。

また、競合が少ない地域では、その地域内で内科を探している人が「地域名＋内科」などのキーワードで検索した場合に、クリニックのホームページ

**図表6　代表的な病院検索サイト**

| | |
|---|---|
| ・病院なび | https://byoinnavi.jp/ |
| ・Qlife | https://www.qlife.jp/hospital/ |
| ・Caloo | https://caloo.jp/ |
| ・ホスピタ | https://www.hospita.jp/ |
| ・お医者さんガイド | https://www.10man-doc.co.jp/ |

よりも、病院検索サイトが多数表示されることがあります。その場合も、その病院検索サイト内で自分のクリニックが上位表示されていれば、より見つけてもらいやすくなります。

病院検索サイト内の情報に、クリニックの写真や紹介文を掲載すると、その病院検索サイト内で上位表示されやすくなることもあります。病院検索サイト内でクリニックを探している人からも自分のクリニックが目に留まりやすくなります。

## 上位表示させるために注意すること

ホームページを上位表示させるためには、いくつか注意点があります。

### ①低品質なページを削除するか高品質に修正する

低品質なページがあると、ドメインが低評価を受ける可能性があります。削除するか高品質に修正します。低品質なページには、文字数が少なすぎる、内容が薄すぎる、タイトルと内容がずれている、他のサイトやホームページ内の文章をコピーしている（重複コンテンツ）などがあります。グーグルから評価されておらず、アクセスがほとんどない低品質なページもあります。アクセスがないページは、「グーグルアナリティクス」で確認することができます。

「グーグルアナリティクス」とは、グーグルが基本無料で提供しているアクセス解析ツールです。定期的に確認することにより、設定したサイトの訪問者数、訪問者の滞在時間、直帰率など、サイトの状態を把握することができます。

### ②外部リンクを有料購入しない

SEO会社に料金を支払い、SEO会社がSEO対策のために制作したサイトに掲載してもらったり、お金を支払うことにより他のサイトに掲載してもらうなど、外部リンクを有料購入すると、グーグルからペナルティを受ける可能性があります。

### ③クリニックと関連のない情報は掲載しない

ホームページのテーマと関連のない情報を掲載すると、ドメインの評価を落とす可能性があります。スタッフ同士が飲食店でご飯を食べたなどの内容でしたら、あまり関連性はないでしょう。

### ④低品質なサイトからの外部リンクの否認を検討

少しくらいであれば問題ないでしょうが、低品質なサイトからの大量の外部リンクは、マイナスの評価になる可能性があります。

### ⑤ブログで安易に多くのページを作りすぎない

医療に関係ないページや医療に関係していても内容が薄いページだと、低品質なページになりがちです。

### ⑥論文掲載情報で多くのページを作らない

論文掲載情報は、多くのユーザーにとって専門的すぎて理解するのは難しいです。掲載する場合は、1つのページにまとめるとよいでしょう。

### ⑦低品質なページに発リンクしない

低品質なページに発リンクすると、ドメインの評価が下がる可能性があります。低品質なページには、ペナルティをもらっているドメインやアフィリエイトなどを行っているドメインが含まれます。そのドメインがペナルティを受けているかどうかは、「グーグルサーチコンソール」で確認することができ、グーグルからサーチコンソールへペナルティのメッセージがあります。

「グーグルサーチコンソール」とは、グーグルが無料で提供しているアクセス解析ツールです。設定したサイトの検索キーワードやその平均掲載順位（検索順位）などを確認することができます。

### ⑧中古ドメインでホームページを作らない

ドメインパワーが強い中古ドメインでも、低品質な外部リンクなどが貼られている可能性があり、リスクがあります。

### ⑨SNSは運用すべきか？

フェイスブック、ツイッター、インスタグラムなどのSNS（Social Networking Service）のアカウントを取得して、基本的な設定や数回の投稿はしておいたほうがよいでしょう。しかし、フェイスブックやツイッターなどのSNSの運用に力を入れすぎるのは、あまり効率的ではありません。それは、医療がプライバシーを重視する「コンプレックス産業」だからです。

会社の隣にあるレストランに行った話は、それが公になってもよいと考える人が多いのに対し、自分がインフルエンザに感染して「近くの○○クリニックを受診した」という情報は、あまり人に知らせたくありません。受診したクリニックの実名はわざわざ他人に知らせるようなことではないと考える人がほとんどです。また、投稿しても、「いいね！」やリツイートなどの拡散はされにくいといえます。

## ⑩病名で上位表示を目指すべき診療科目とは？

「地域名＋診療科目名」であれば同じ地域内にあるクリニック同士での競い合いですが、「病名」であれば日本全国での競い合いになります。「病名」で上位表示を目指すのは難易度が高いといえます。遠方からの来院が見込めるマイナーな「病名」であれば、上位表示を目指す価値があるかもしれません。

現在、疾患名や症状名で上位表示されやすいのは、学会、クリニック、大学病院、総合病院などです。「ホワイトリスト」と呼ばれる、グーグルから評価されているホームページのリストのようなものがあるようです。

03

# MEO対策の効果を最大化させる方法

## マップ検索結果は少なくとも3位以内を目指す

ＭＥＯは、別名「ローカルＳＥＯ」とも呼ばれています。「地域名＋診療科目名」などで検索すると、通常、マップ検索結果が自然検索結果より上に表示されます。マップ検索結果には、地図とクリニック名がまとめて表示される仕組みになっていて、自然検索結果に「口コミサイト」と「位置情報」の要素が混ざったサービスともいえます。

グーグルは自動運転を普及させるためにも、地図情報や位置情報に力を入れており、今後マップ検索は伸びていくことが予想されます。ＧＰＳ機能があるスマホを1人1台持つのが当たり前となり、マップ検索を利用する人は増え続けています。マップ検索される回数が増えれば、その分、広告配信の回数も増えますから、グーグルとしては売上が上がります。

グーグルマップの強化により、「食べログ」や「ホットペッパー」などの口コミサイトの影響力は弱くなっていくことでしょう。少し極端な予想かもしれませんが、店舗ビジネスでは、マップ検索結果のみが表示されるようになり、自然検索結果は出なくなる可能性もあります。

現状、スマホを使って「地域名＋診療科目名」で検索すると、グーグルのマップ検索結果では、３つまでしか表示されません。そのため、少なくともマップ検索エンジン上で3位以内に表示されることを目指す必要があります。10件表示される自然検索結果よりも表示される枠が少なくなっています。

では、マップ検索結果は、どのような要素で順位が決まっているのでしょうか？　順位決定の基準はブラックボックスで日々研究されていますが、たくさんの指標があります。そのなかでも、「自然検索結果の順位」＋「グーグルマイビジネス」＋「位置情報」の３つの要素が重要です。

グーグルは、ホームページを評価しているわけですが、当然、マップ検索結果は、自然検索の順位を参考にしています。自然検索の順位＝マップ検索の順位ではありませんが、自然検索の順位とある程度の相関関係があります。

## 「グーグルマイビジネス」に情報を登録する

### ①情報を発信すると上位表示されやすくなる

グーグルマイビジネスとは、店舗ビジネスのオーナーが無料で利用できるグーグルの店舗登録サービスのことです（図表7）。「会社（クリニック）の正式名称」「カテゴリ」「住所」「営業時間（診療時間）」「特別営業時間（臨時の診療時間）」「電話番号」「ウェブサイトURL」「属性」「（室内を見ることができる）インドアビュー」「説明文」「設定」などのビジネス情報を、管理者としてグーグルマイビジネスに登録します。「写真」「投稿」「（口コミに）返信」「（質問があれば）回答」など、情報を発信すると上位表示され

## 図表7　グーグルマイビジネスの登録

●ホーム画面

●基本情報

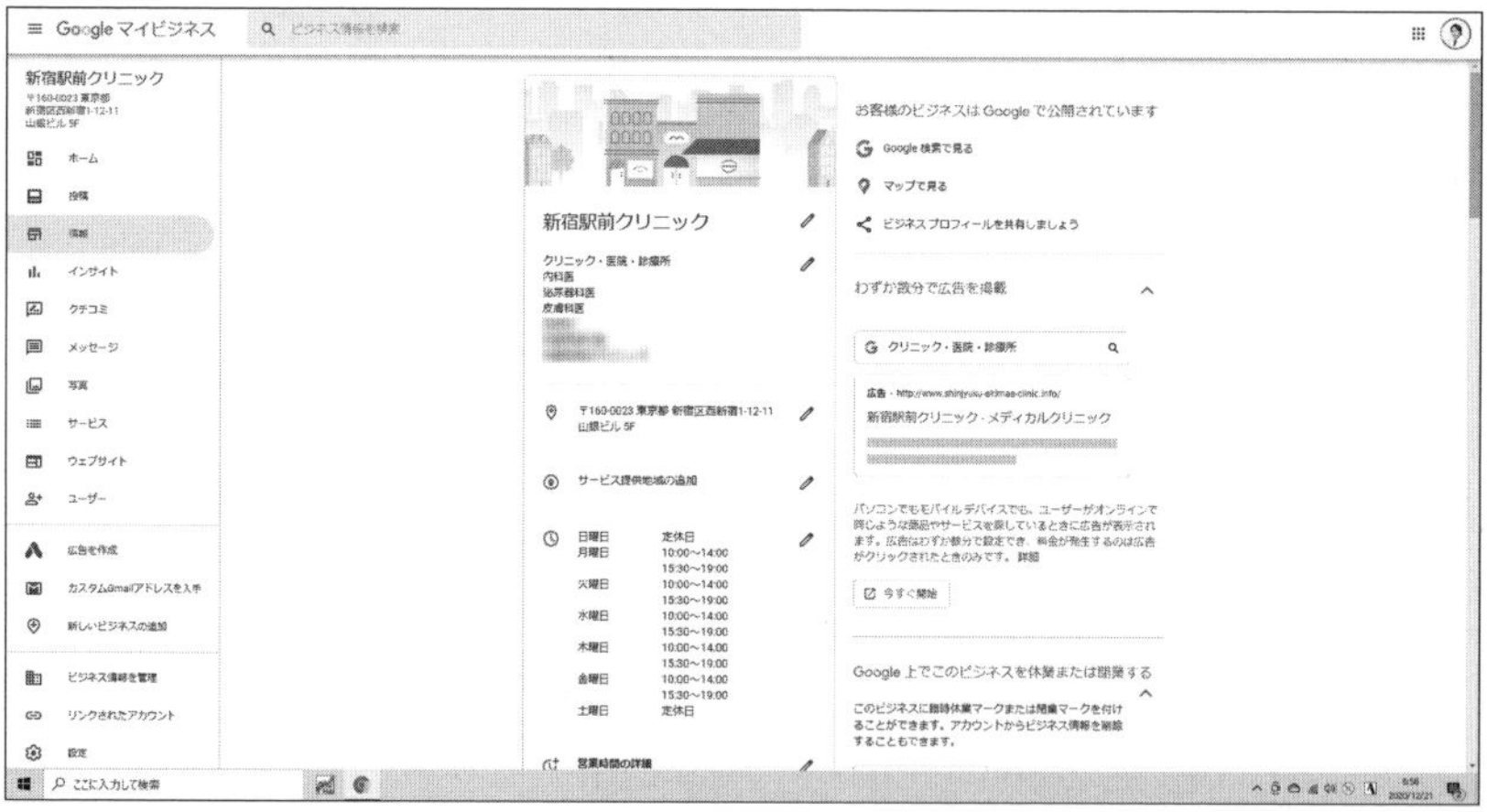

やすくなります。

## ②レビューの数や質

グーグルマイビジネスは、1～5までの★印で評価されます。グーグルは口コミの中身も参考にしており、口コミの数が多く、点数が高いと上位表示されやすくなっています。

また、評価者をレベル分けしており、ローカルガイドのレベルが高いと、口コミのなかでも上位表示されやすくなっています。ローカルガイドとは、グーグルマップで口コミや写真を投稿するなどして、マップ情報をアップデートしている人たちのことです。患者さんにお金や商品券などを渡して、口コミをしてもらうのはガイドライン違反になります。ガイドラインに沿わない方法はくれぐれも避けるべきです。

## ③GPS機能で現在地に近いクリニックが上位表示される

スマホには、GPSによって現在地の位置情報を把握する機能があります。GPS機能をオンにしていると、同じ新宿でも、東口で検索したときは距離の近い東口近辺のクリニック、西口で検索したときは距離の近い西口近辺のクリニックが上位表示されやすくなります。ちなみに、グーグルマップ上では現在地が青い丸印で表示されます。

## ④タイトルには正式名称を入れる

グーグルマイビジネス内の名称には、正式名称を登録しましょう。「A駅前クリニック」が正式名称であれば、「A駅前クリニック」で登録します。

「A駅前クリニック」が「A駅前クリニック内科」で登録しているケースがあります。「A＋内科」のキーワードで検索すると、内科というキーワードが入るせいか、グーグルマップ上で上位表示されやすくなるからです。

ところが、正式名称以外を登録するのはガイドライン違反になります。最悪の場合、グーグルマイビジネスのアカウントが削除されてしまう可能性がありますので、正式名称以外は登録しないように注意しましょう。

## ⑤「診療科目名」もよく検索されている

患者さんは、クリニックを探すとき「地域名＋診療科目名」でよく検索しますが、それだけでなく、「診療科目名」のみでも検索しています。

たとえば、患者さんが「内科」と検索すると、グーグルは「内科がどういう診療科目かを知りたがっている」だけでなく、「内科のクリニックを探している」と判断して、地図情報を検索結果画面に表示します。「地域名＋診療科目名」「診療科目名」「近くの診療科目名」などの診療科目名を含むキーワードはよく検索されているキーワードです。

現在、スマホでは見ることができませんが、パソコンだと、グーグルマイビジネスの「インサイト」という機能のなかで、ビジネスの検索に使用された検索語句を把握することができます（図表8）。どのようなキーワードで検索・表示されているのかを把握しておく必要があります。

## 図表8 グーグルマイビジネス「インサイト」の活用

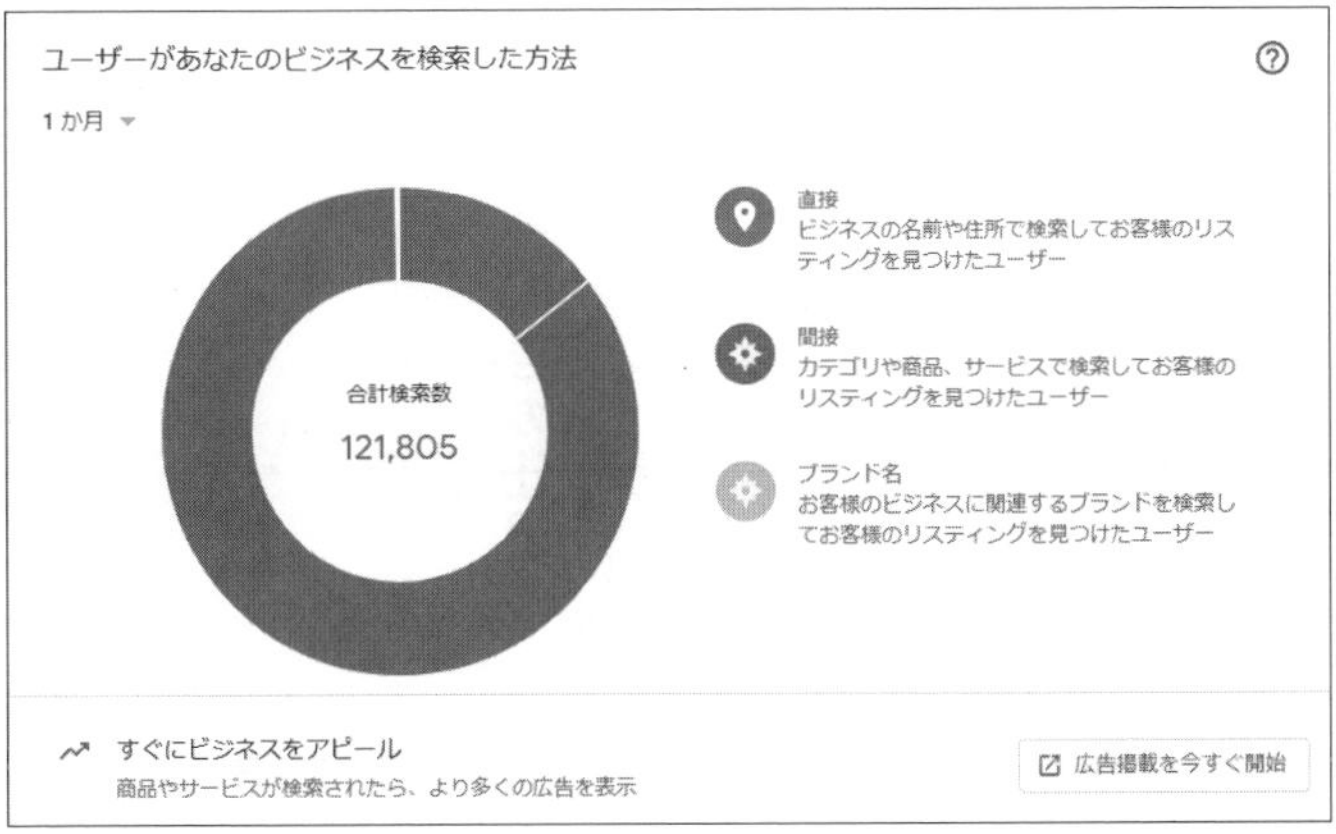


ビジネスの検索に使用された検索語句・フィードバックを送信

お客様のビジネスを検索したユニーク ユーザーが最も使用した検索語句

四半期

| | 検索語句 | ユーザー |
|---|---|---|
| 1 | 新宿クリニック | 8,850 |
| 2 | 新宿駅前クリニック | 5,660 |
| 3 | 新宿 皮膚科 | 5,198 |
| 4 | インフルエンザ予防接種 | 4,944 |
| 5 | 皮膚科 | 4,452 |
| 6 | 新宿内科 | 3,356 |
| 7 | 泌尿器科 | 2,841 |
| 8 | 新宿 インフルエンザ 予防接種 | 2,405 |
| 9 | 皮膚科 新宿 | 2,318 |
| 10 | 内科 | 2,245 |

1 - 10/1,000

お客様にお店やサービスを見つけてもらえるようにしましょう。投稿を作成

インサイトでは、「ユーザーがあなたのビジネスを検索した方法」「ビジネスに使用された検索語句」が確認できる

04

# 検索連動型広告の活用を検討する

## 検索連動型広告とは何か

### ①検索連動型広告の仕組み

検索連動型広告（検索広告）とは、検索エンジンに特定のキーワードを入力した際に、自然検索結果のページに表示されるリスティング広告の一種です。リスティング広告には、他にコンテンツ連動型広告（ディスプレイ広告）があり、どちらもユーザーが広告をクリックし、リンク先のサイトを訪れるたびに広告主が費用を支払う仕組み（クリック課金型）になっています。

検索連動型広告ではまず、クリニックの広告を表示させるキーワードを選定し、そのキーワードに対し、1クリック当たりいくらまで広告料金を支払うか（入札単価）を決めます。この作業を入札といいますが、入札はオークション形式で行われ、同じキーワードで広告を出している競合クリニックなどと、掲載順位を競い合うことになります。掲載順位は入札単価だけでなく、広告の品質を加味して割り出される広告ランクによって決まります。入札単価は低いよりは高いほうが有利になりますが、入札単価が高くても広告の品質が低い場合は掲載順位が下がります。逆に、競合クリニックよりも低い単価で入札していても、広告の品質が高ければ上位表示されることもあります。

## ②ヤフーよりもグーグルを優先する

日本国内では、グーグルとヤフーで全検索の90％以上を占めており、対策はこの2つのみで十分です。当然、グーグルとヤフーの両方で広告を出したほうが効果はありますが、どちらか1つだけということであれば、解析機能が充実しているグーグルの検索連動型広告をおすすめします。以前はヤフーのほうが検索されていましたが、スマホが浸透したこともあり、現在はグーグルで検索するほうが多くなっています。

## ③広告代理店に依頼すべきか？

広告代理店により異なりますが、グーグルやヤフーに支払う広告費用の20％前後が広告代理店の報酬となります。広告費をどれくらいかければよいかはクリニックの状況により大きく異なりますが、不用意に広告を出しすぎないように注意しつつ、クリニックにとって利益が残るように広告費を調整するとよいでしょう。新規開業したばかりや閑散期であれば、より多くの広告費用をかけ（高めの入札単価で、より幅広いキーワード）、繁忙期であれば、広告費を減らす（低めの入札単価で、より狭いキーワード）こともできます。「地域名＋診療科目名」の完全一致のみを掲載するのであれば、難易度は高くないので、自分で運用してみることをおすすめします。

### ④検索連動型以外の広告の検討

リスティング広告には検索連動型広告以外にコンテンツ連動型広告がありますが、費用対効果はあまりよくないので、積極的にはおすすめしません。コンテンツ連動型広告は、広告の掲載枠があるサイトの内容（コンテンツ）に連動して関連性の高い広告を表示しますが、特に急性期の病気では、その日にクリニックを探して受診してしまうため、コンテンツ連動型広告を繰り返し表示させても高い効果が望めないからです。検討期間が長く、高単価の病気であれば、コンテンツ連動型広告を出したほうが効果がある場合もあります。

## 広告作成のポイント

検索連動型広告は、グーグルのアカウントをお持ちであれば、誰でも簡単に作成することができます。グーグル広告の管理画面を開き、ガイドラインに従って作成を進めます（図表9）。ここでは広告作成時のポイントを解説します。

### ①広告のタイトルを最適化する

「新宿＋内科」や「内科＋新宿」のキーワードであれば、「新宿で内科なら〇〇クリニック」など、タイトルにキーワードを含めます。

「グーグルキーワードプランナー」や「ウーバーサジェスト」などを使用してチェックすることで、特

## 図表9　グーグル広告のレポート画面

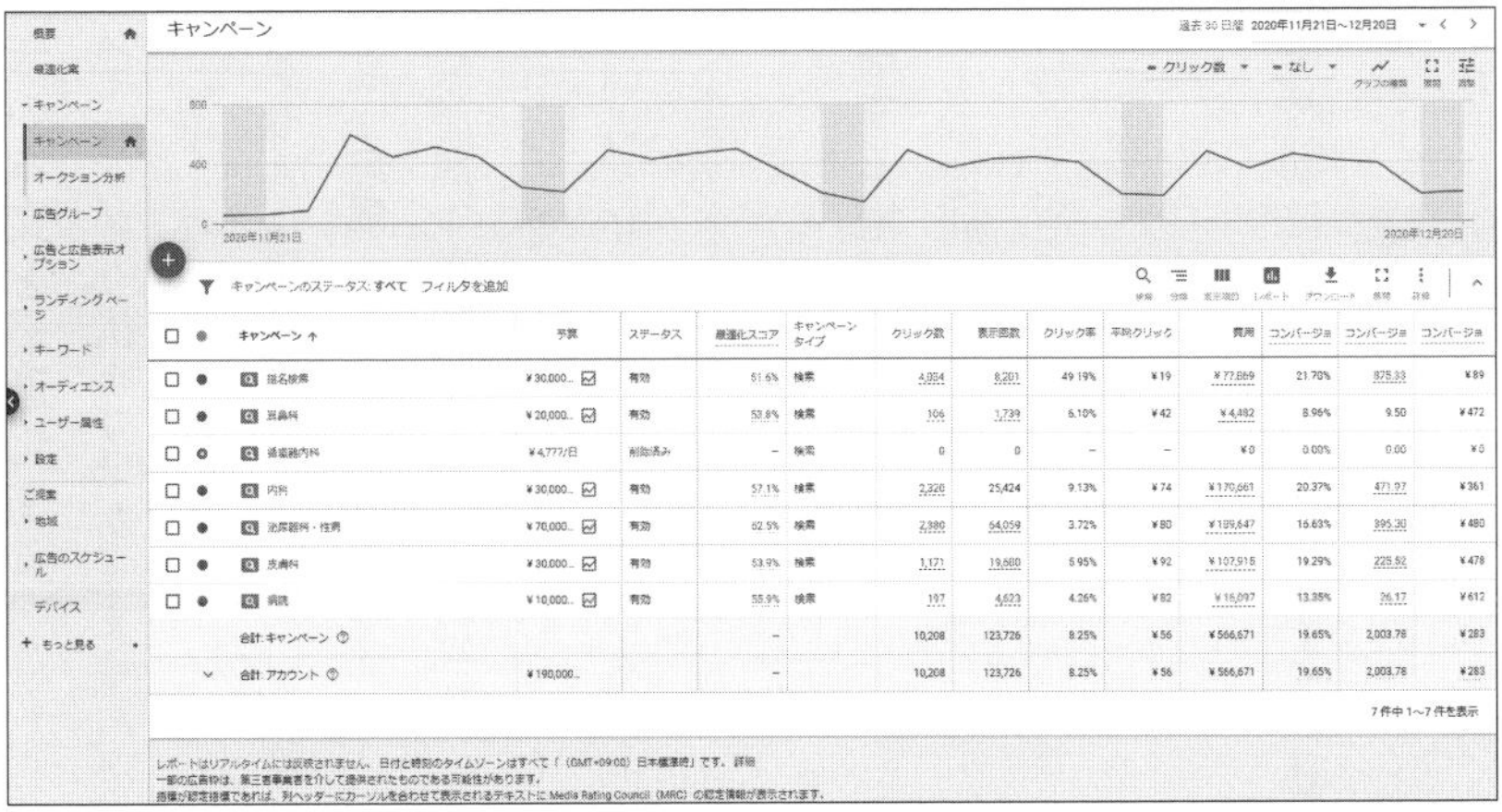


定のキーワードが月に何回検索されているかなどを知ることができます。「グーグルキーワードプランナー」とは、グーグル広告のなかで提供されているサービスの1つで、グーグルが集めた検索に関するデータを利用して、コンテンツの作成や広告配信のためのキーワードを見つけたり、キーワードごとの月間検索回数を確認したりすることができます。簡易版は無料で、グーグル広告を配信している状態であれば、検索回数の詳細まで調べることができます。「ウーバーサジェスト」も基本無料で使うことができ、同じように検索回数を知ることができます。

また、「グーグルサーチコンソール」や「グーグルアナリティクス」では、どんなキーワードでサイトを訪問したかに加え、何ページ閲覧したかといった情報も集積されます。これらを確認することで、どんなキーワードが検索され、クリックされて、ホームページが閲覧されているのかを知ることができます。

## ②広告の本文を最適化する

本文には明確な決まりはありませんが、ターゲットとなる患者さんにクリックしてもらえるように、次のようなキーワードを含めます。

**・アクセス↓新宿西口1分、南口2分**
**・病名↓風邪、インフル、花粉症**
**・診療時間↓夜19時まで、土日祝休**

患者さんが知りたいことを書いておくと、無駄なクリックを避けることができます。新宿東口や土日診療しているクリニックを探しているユーザーはクリックされにくいわけです。それ以外にも、クリニックの特徴を含めることもあります。

## ③配信する地域を限定する

配信する地域は、実際に患者さんが来院している地域に設定します。通常は、クリニックのある市や区単位で設定します。新宿駅前クリニックなら、新宿区のみ、広く設定しても東京都内などに設定することになります。

## ④配信時刻によって入札単価を変動させる

一般的に、診療していない時間帯はクリック率、来院率が低くなる傾向にあるため、休診日や診察終了時刻から明け方にかけて入札単価を低く設定します。時間帯によるコンバージョン率（予約率や来院率）

を計測してデータをもとに設定するのが最も正確です。

### ⑤その他

①～④が主なポイントになります。その他にも、細かい設定がありますので、ネット上で説明しているサイトなどで確認するとよいでしょう。

## 入札単価はいくらに設定すればよいか？

開業したばかりで、患者さんが少ないときは、より多くの患者さんに来ていただきたいので、広告費を多く投入して、患者さんが増えてきたら徐々に減らしていきます。開業したばかりだと、利益が出てないこともあり、あまり広告を出さないケースもありますが、医師がいるのに診療する患者さんがいないのは、もったいないことです。閑散期で患者さんが少ないときは、広告費を増やし、繁忙期で患者さんが多いときは、広告費を減らします。

入札単価は結果的に1クリック50～200円前後くらいになりますが、入札単価の上限には考え方があります。概算すると、図表10のような計算式になりますが、広告費を上げると利益が減り、広告費を下げると利益が増えます。

たとえば、風邪で1回のみ受診した患者さんと高血圧で年間計10回受診した患者さんを比較すると、1名当たりの広告費は風邪の場合が1000円、高血圧の場合が10倍の1万円に設定されています。例では

1名当たりの売上を同じにしていますが、高血圧はリピートするため、1名当たりの利益が高い分、広告費をより多く支払うことができます（数字はあくまで例であり、正確ではありません）。

初診は赤字覚悟で広告費をたくさんかけ、2回目以降で利益が出るように設定することもあります。そのような疾患の場合、リピート率の高い評判のよい先生だと、入札単価を高く設定できます。

また、高額な健康診断で1回のみ受診した患者さんでしたら、広告費を1万円に設定できます。風邪の場合と来院回数が同じでも、健康診断は高額なため、広告費をより多く支払うことができるわけです。設備が整っていて、より多くの検査ができ、1名当たりの売上がより高額になるクリニックほど、入札単価を高く設定することができます。

まとめると、高単価かつリピートする病気の場合は、入札単価を高くしても採算がとれるケースがあるということです。

**図表10　入札単価の上限の考え方**

**【計算式】**

1名当たりの売上 － 1名当たりの経費（人件費、家賃、検査原価など） － 1名当たりの広告費 ＝ 1名当たりの利益

**【風邪で1回のみ受診】**

| 1名当たりの売上 | | 1名当たりの経費 | | 1名当たりの広告費 | | 1名当たりの利益 |
|---|---|---|---|---|---|---|
| 4,000円 | － | 2,000円 | － | 1,000円 | ＝ | 1,000円 |

**【高血圧で年間計10回受診】**

{(1回1名当たりの売上 4,000円 － 1回1名当たりの経費 2,000円)×10回} － 1名当たりの広告費(年間) 10,000円 ＝ 1名当たりの利益(年間) 10,000円

**【高額な健康診断で1回のみ受診】**

| 1名当たりの売上 | | 1名当たりの経費 | | 1名当たりの広告費 | | 1名当たりの利益 |
|---|---|---|---|---|---|---|
| 30,000円 | － | 10,000円 | － | 10,000円 | ＝ | 10,000円 |

私は新規開業してすぐに、「地域名＋診療科目名」で検索連動型広告を開始しました。1か月の広告費を5万円（1クリック50円）に設定したところ合計1000クリックあり、1か月で新規患者さんが50人増えました。これは1人当たり1000円で集患できた計算になります。当時は競合が検索連動型広告を出しておらず、入札価格が安かったため、低コストで集患できました。

## こんな場合は検索連動型広告を出すべきか？

### ①「診療科目名」や「疾患名」のみ

地域名が含まれていないため、検索意図としてクリニックを探していないことが多く、来院単価が高くなってしまう可能性が高いので、広告を出すときは費用対効果を慎重に検討するとよいでしょう。地域名がないキーワードのため、配信地域を絞る必要があります。遠方からの来院が見込める診療科目や疾患で、高単価なら検討してみてもよいでしょう。

### ②「近隣の地域名＋診療科目名」

診療科目が小児科、整形外科、眼科、耳鼻咽喉科、皮膚科、美容皮膚科、心療内科、婦人科など、一般内科に比べてクリニックの数が少なく、かつ患者さんが移動しやすい科目の場合は、「自院のある地域名（A駅、A市）＋診療科目名」の検索連動型広告だけでなく、「近隣の地域名（B、C、D、Eの駅や市）＋診療科目名」で検索連動型広告を出すことがあります。そうすることで、近隣の地域名で検索してクリニックを探している患者さんの選択肢となることができます。近隣から電車や車を利用して来院する新規患者さんの獲得につながります。

たとえば、自院が新宿であれば、新大久保や代々木などと、診療科目名の掛け合わせで検索連動型広告を出す方法があります。特に遠方から来院が見込める診療科目で高単価ですと、より効果的な傾向にあります。

05

# 困った口コミへの対応策

## 高い期待が裏切られたときほど悪い口コミが書かれやすい

なぜ、人は口コミを投稿するのでしょうか？

人間には、何か出来事があったら伝えたいという欲求があります。太古の昔からその日の出来事を仲間同士で共有していて、「あそこの水を飲んだら、体調がよくなった」「あっちの木の実を食べたら、具合が悪くなった」などと語り合っていたのでしょう。現代ではリアルだけでなく、ネット上で口コミを書くわけです。アメリカでは、1つのクリニックで200件以上の口コミがあるケースも少なくありません。今後は日本でも口コミの数が増えていくことでしょう。

患者さんは、一定の期待を持ってクリニックに来院されます。期待の高さと実際に受診したあとの満足度にギャップがあるほど、悪い口コミが書かれてしまいがちです。

実際の診療が同じ60点だったとしても、80点を期待をしていればマイナスの感情、40点を期待をしていればプラスの感情が生じやすくなります。口コミは診療に対する評価だけでなく、期待との違いが影響しています。

口コミには、よい評価と悪い評価がありますが、悪い評価のなかには、事実である内容が含まれることも少なくありません。

開業医は、自分では気づかないうちにお山の大将となっていることがあります。医師の診療態度に問題があっても、多くの患者さんは面と向かって文句をいいません。看護師や医療事務も同じで、雇用主の開業医本人に対して本心は伝えにくいものです。

私は、悪い口コミが書かれてしまった開業医から相談されたとき、「先生の診療は、まさに悪い口コミ通りではないでしょうか」と心のなかで思うことがありますが、本人が認めることができない気持ちはよくわかります。

## 悪い口コミは削除できるのか？

診察時間やクリニックまでの道順を調べようとしてスマホで検索すると、★印の口コミの点数がわかります。そのとき、1点台の低評価が続いていれば、患者さんは来院を躊躇してしまうでしょう。悪い口コミばかりだと、新規患者さんが減ってしまいます。口コミの点数が低いと、マップ検索において上位表示されにくくなります。

ネット業者に依頼して、競合クリニックの悪い口コミを書かせるクリニックもあります。実際に診療を受けていないのにもかかわらず、悪い口コミを書かれてしまうのは困ったものです。同業他社しか知らないような専門的な内容やクリニックを一方的に貶めるような誹謗中傷の内容であったりすると、競合クリニックによる書き込みではないかと疑念を抱いて、悩んでいる開業医もいます。

グーグルは、グーグルマイビジネス上の口コミを基本的に削除してくれません。通報のシステムがあり、グーグルのポリシーに違反する文言がある場合は削除の可能性がありますが、ほとんどの場合は削除してもらえないようです。

なお、グーグルマイビジネス以外の口コミサイトは削除してくれる可能性があります。明らかに事実と異なる内容であれば、運営者に問い合わせてみましょう。

一方、よい口コミでも弊害はあります。それは患者さんが過剰に期待してしまうことです。たまたまよい口コミが続いただけで、「素晴らしいクリニックに違いない」と勘違いをしてしまい、普通の診療では満足していただけないのです。

同じように、自然検索やマップ検索でたまたま上位表示されるようになったために、「グーグルから選ばれているのだから間違いないだろう」と患者さんが期待しすぎて、実際には普通の診療だったため失望し、低評価がついてしまうことがあります。

そういったクリニックのなかには、ホームページ上で「検索結果でホームページが上位表示されているため多くの患者さんが来院されますが、一般的なクリニックなので、より専門的な診療をご希望の方は、総合病院や専門クリニックへおかかりください」と掲載しているところもあります。混雑時間の掲載や診療内容を限定することによって、新規患者さんの数をコントロールできるのはホームページの利点です。

## 口コミへの返信は3パターン

クリニックからの口コミへの返信は、次の3パターンに分けることができます。

### ①反論型

謝罪をすることなく、診察内容や治療法について一方的に反論するパターンです。冷静に反論するならまだしも、感情的になり患者さんに罵詈雑言を書き込むのはよくないことです。口コミを見たユーザーは、心が離れていってしまうでしょう。

例としては、次のような返信が挙げられます。

「あなたのような人は二度と来なくていいです」

「他のクリニックに行ってください」

### ②確認できませんでした型

口コミの内容からカルテを確認して、そのような患者さんは確認できなかったことを返信したり、自院ではありえないと説明するパターンです。口コミが嫌がらせであることを暗に示しているのだと思います。

現実には、全カルテを確認することは不可能ですし、多少の勘違いはあったとしても自院でないと指摘するのは、口コミを見たユーザーが不誠実だと感じてしまいます。

例としては、次のような返信が挙げられます。

「カルテの記録を調べましたが、同じような方は確認できませんでした」

「当院には、○○のシステムがないため、そのようなことはありえません。別のクリニックの間違いではありませんでしょうか」

### ③謝罪型

内容にかかわらず、まずは丁寧に謝罪するパターンです。口コミを見たユーザーは社会常識のあるクリニックだと感じます。

例としては、次のような返信が挙げられます。

「この度は、申し訳ございませんでした」

「今後このようなことがないよう、努めて参ります」


他のクリニックの口コミに対する返信を見ていると、表現が適切で感心することがあります。他のクリニックのメッセージを参考にして、自院の返信に役立てるようにするとよいでしょう。グーグルマイビジネスにおける他業種の返信メッセージも参考になります。図表11で返信メッセージの例文をご紹介します。

## あまり気にしすぎないことも大切

よい口コミだと嬉しいですし、悪い口コミだと悲しくなります。悪い口コミが書かれてしまったせいで、患者さん恐怖症になりかけてしまう開業医もいますが、あまり気にしないことが大切です。

どうしても、合う患者さん合わない患者さんがいますので、合う患者さんだけに来院してもらえばよいという考え方もあります。

看護師や医療事務に対してクレームをもらったからといって、長年、社会人として働き、ある程度の年齢に達した人間は、そうそう変われるものではありません。

社会常識がなっていないレベルまで対応が悪ければ問題だと思いますが、反省することは反省し、落ち込みすぎないようにしましょう。自分にとっても患者さんにとってもよくありません。少し前に、「鈍感力」という言葉が流行りましたが、考え込みすぎず、気持ちを切り替える能力も必要です。

## 図表11　返信メッセージの例文

| | |
|---|---|
| ・来院いただいたことに感謝を伝える | 「この度は、当院にご来院いただきまして、誠にありがとうございました」 |
| ・不快にさせてしまった点を誠心誠意お詫びする | 「ご不快な思いをさせてしまい、大変申し訳ございませんでした」 |
| | 「ご期待に沿えなかったことについて、心からお詫び申し上げます」 |
| ・反省の意思と改善点を伝える | 「○○様にいただいたご意見をスタッフ一同重く受け止め、スタッフ教育、意識改革を徹底していく所存でございます」 |
| | 「当院スタッフも、対応の仕方について深く反省しております。スタッフ全員真摯に受け止め、改善していく所存でございます」 |
| | 「○○様のご意見を受けまして、ご来院いただく皆様に満足していただけるよう、従業員一同取り組んでまいります」 |
| ・指摘いただいたことに感謝を伝える | 「この度は貴重なご意見をいただきまして、誠にありがとうございました」 |

# 06

# ホームページ制作会社の正しい選び方

## ネット業者に騙されないために

開業医の先生から、「ネット業者の提案するサービスを契約するべきでしょうか」と、よく相談を受けます。効果があると思っていても実際は効果がなく、契約を中止しても変わらないようなサービスを契約していることもあります。「ネットという未知のツールが大事なのはわかるが、どうやって勉強すればいいのかわからない」「ネット系の営業マンの話が正しいのか正しくないのか判断ができない」という相談は本当によくいただきます。

ここまで解説してきた基礎知識があれば、例外はあるにせよ、ある程度は判断することができます。経営の責任者として、最終的にはご自身で判断することになりますが、利害関係がなく信頼できてネット集患に詳しい友人・知人や、クリニックのホームページを管理している会社に相談するのもよいでしょう。

費用対効果がどれくらいあるか、ざっくりでも試算できれば、だいたいのサービスは必要ないことがわかります。私のクリニックにも営業の電話やメールが来ますが、ほとんどは費用対効果の合わない施策です。ときどき、「オレオレ詐欺」とあまり変わらないレベルの営業電話もあり、「世の中にはひっかかってしまう開業医の先生もいるんだろうな」と悲しくなります。

ネット集患に対して、開業医自身が過剰に期待してしまっていることもあります。ホームページを作ったからといって必ずしも上位表示されるわけではなく、上位表示の実績のある会社が制作したホームページのすべてが上位表示されているわけでもありません。上位表示されたとしても、立地や対象となる患者さんの層によって、思うように集患ができないこともあります。

## クリニックのホームページ制作に実績のある会社を選ぶ

グーグルは、ＹＭＹＬという領域のホームページに対して厳しい評価基準を設けています。ＹＭＹＬは、「Your Money or Your Life」の略語で、医療や法律、お金や生活に関するコンテンツの質を重要視しています。権威性、専門性、信頼性がないホームページは上位表示されにくくなっており、医療のＳＥＯ対策は特殊だといえます。

そのため、医療のＳＥＯ対策に詳しいホームページ制作会社は多くありません。クリニックのホームページをあまり制作したことがない会社への依頼は避けるべきです。薬機法や医療広告ガイドラインに準拠していなければならないなど、クリニックのホームページには特有のルールがあります。ご自身でチェックできるならよいのですが、すべてを把握するのはなかなか難しいものです。

依頼する場合は、できれば、同じ診療科目のクリニックのホームページを制作したことがある会社を選ぶとよいでしょう。「地域名＋診療科目名」で上位表示された実績がある会社かどうかも、判断基準になります。とはいえ、「必ず上位表示します！」と約束する業者は怪しいと思います。上位表示できるかどうかは、グーグルだけが知る世界であり、「できるだけ上位表示するように作りますが、やってみなければわかりません」と伝えるのが、誠実な対応です。ときどき、上位表示にはまったく無頓着な会社もあるので確認は必要です。

相性がありますので、必ずしもおすすめというわけではありませんが、クリニックのホームページ制作において実績のある会社を図表12にまとめました。ホームページの制作会社選びはくれぐれも自己責任でお願いします。

ネット集患には、さまざまなサービスがありますが、最も密にかかわるのは、ホームページ制作会社です。追加・更新を含めて、施策を行う場合はホームページを変更することになります。ホームページ制作会社との良好な関係は大前提です。契約する前は信頼できると思っていたのに、いざ契約したら全然対応してくれないということもあります。

## ホームページ制作費の内訳は？

一般的なクリニックにおけるホームページの制作費は10万円から30万

図表12　主なホームページ制作会社

| | |
|---|---|
| 株式会社メディココンサルティング | https://www.medico-consulting.jp/ |
| ファーロ株式会社 | https://www.faro-co.jp/ |
| メディキャスト株式会社（ウェブリー） | https://wevery.jp/ |
| 株式会社イーエックス・パートナーズ | https://www.ex-partners.co.jp/ |
| 株式会社DEPOC | https://www.depoc-medical.jp/ |
| 株式会社ヒーローイノベーション | https://hero-innovation.com/ |

円ほど、管理費は月額1万円から3万円ほどが相場になります。大規模なホームページであれば、更新する頻度や量、ページ数が多くなるため、その分、費用がかかる傾向にあります。

あまり暴露してしまうと怒られてしまうかもしれませんが、ホームページ制作会社がホームページを制作する場合、かかる費用の多くは営業費と人件費です。営業費は、ホームページを依頼されるまでにかかる広告費や紹介者への紹介料などです。人件費は、クリニックのホームページを作るのにどれくらいの作業量があり、どれくらいの時間かかるかで金額が変わります。

ホームページの制作は、構造やデザインなどの要素と、文章などのコンテンツの要素に分かれます。凝った構造やデザインにしたり、ページを増やしたり、より専門的な知識を持つライターに依頼したりするほど、制作費は上がります。

多くの開業医は制作費や管理費で選びすぎています。制作費20万円・管理費1万円の会社で新規患者さんが少ないよりも、制作費60万円・管理費3万円で新規患者さんが多いほうがよい場合もあります。たとえば、費用の高い制作会社のほうが1日当たり1人でも多く新規患者さんの来院があるとすれば、1か月当たり20日間診療、1人当たりの診療単価が5000円であるとすると、5000円×20日＝10万円、リピートを含めれば30万円以上の価値があるといえます。

トラブルに巻き込まれるのが嫌なので、特定のホームページ制作会社はおすすめしませんが、制作会社それぞれのメリット、デメリットを理解したうえで判断するべきでしょう。

## 自分でホームページを作ると大損する可能性がある

開業医のなかには、制作費や管理費を抑えようとして、自分でホームページを作る方がいますが、大損する可能性があるのでやめたほうが無難でしょう。

なぜかというと、「上位表示されにくい」からです。ホームページは文章などのコンテンツは同じでも、レイアウトや読み込みスピードにより上位表示されるスピードが大きく変わってきます。何より致命的なのはデザインです。〝ホームページは見た目がすべて〟というわけではありませんが、おかしなデザインのホームページは選ばれにくくなります。

たとえば、競合関係にあるA院とB院はまともなデザインのホームページを運営していて、1日5人ずつ新規患者さんが来ていたとします。A院はコスト削減を目的に自分でホームページを作ったところ、おかしなデザインになってしまい、5人中1人がB院を選ぶようになってしまいました。すると、A院4人、B院6人になり、1・5倍も差がついてしまうわけです。

また、可能性は低いかもしれませんが、万が一、自分で管理しているホームページがサイバー攻撃されて閲覧できなくなってしまった場合、新規患者さんは激減するでしょう。

## 開業医から寄せられるよくある質問

私のところには、開業医の先生から多くの質問が寄せられます。次に、ネット集患に関する質問とその質問に対する私の回答を紹介します。

## ①ホームページはリニューアルしたほうがよい？

ホームページの管理会社とは別のホームページ制作会社から営業があり、ホームページのリニューアルを提案されることがあります。ケースバイケースですが、ホームページに大きな問題がなければ、通常5年くらいは同じホームページを使用します。

ホームページをリニューアルすると、ホームページ制作会社には制作費と毎月の管理費が入ります。悪質なホームページ制作会社のなかには、上位表示させることを謳い文句に、特に問題がないホームページのリニューアルをすすめるところがあります。ホームページはリニューアルしたからといって新規患者さんが必ず増えるわけではありません。逆に上位表示されなくなり、新規患者さんが減ってしまう可能性もあります。

## ②SEO対策はネット業者に依頼したほうがよい？

以前は対策により、グーグルの自然検索結果で上位表示される時期がありました。しかし、現在は難しくなってきています。下手にやるとペナルティをもらうこともあるので、リスクとリターンを慎重に判断する必要があります。

### ③MEO対策はネット業者に依頼したほうがよい？

SEO対策と同様に、以前は対策により、グーグルのマップ検索結果で上位表示される時期がありました。しかし、現在は難しくなってきています。グーグルマイビジネスの店舗名となるタイトルを変えるのは、ガイドライン違反になり、ペナルティをもらうことがあります。

MEO対策会社は、グーグルマイビジネスの設定以外でできることは少なく、設定には特別な技術は不要です。ほとんどのクリニックにとって、有料で契約する必要はありません。本書に書かれていることを実践すれば十分で、自分でできることばかりです。

### ④グーグルやヤフーに広告を出したほうがよい？

広告代理店に、手数料を20％前後以上支払わなくてはいけません。また、効果が出ているかどうかをチェックする能力が必要です。

「どうせちゃんとやっているかどうかなんてわからないだろう」ということで、適当に予算を消化している代理店は少なくありません。私も広告代理店に任せて、必要のないキーワードを大量に入札されて失敗したことがあります。広告を設定する担当者にあまり知識がないこともあります。

入札するキーワードを「地域名＋診療科目名」と「診療科目名＋地域名」で完全一致に限定して、少額から自分で運用してみたほうがよいでしょう。

## ⑤医療情報の発信代行を依頼したほうがよい？

ブログなどを使って医療情報を発信することは、クリニックにとって本当に効果があるのかを慎重に判断する必要があります。私は過去に、ネット業者に依頼したコラムが原因で上位表示されにくくなってしまったことがありました。その業者が作成した多くのコラムは内容が低品質であったために、投稿を増やせば増やすほど上位表示されなくなるのです。そうした場合は思いきって削除する必要が出てきます。

## ⑥病院検索サイトに有料で登録したほうがよい？

地域や診療科目にもよりますが、病院検索サイトに有料で登録しても費用対効果はあまりよくない傾向にあります。そのため、ほとんどのクリニックでは不要でしょう。閲覧回数に応じて支払う課金型のサービスは高額になりがちなので、より注意が必要です。

## ⑦口コミの代行依頼はしたほうがよい？

口コミを有料で代行してもらうのは、ガイドライン違反であり禁止されています。ガイドライン違反にならないように注意しながら、実際に受診された患者さんに依頼して、無償で口コミを書いてもらったほうがよいでしょう。

## 医療SEOの専門家を目指して

グーグルなどから新しい機能がリリースされると、それに合わせたサービスの営業が始まります。契約するかどうか迷ったら、ネット集患に詳しい知人や信頼できるホームページ制作会社に相談してください。

多くの開業医はネット集患のノウハウをお伝えしても行動しません。なかには、行動力があって実行する方もいますが、アドバイス通りに行うのではなく、アドバイスの断片だけを取り入れて、全体最適となってない方もいます。最初は戸惑うこともあるかもしれませんが、知るだけではなく、実行して初めて集患につながります。

ネット集患に関する知識を深めるためには、専門書を読むことも有効です。私の愛読書のなかで特におすすめの書籍を図表13で紹介します。

医療分野のSEOは目まぐるしく変化しています。医師から見ても権威性の高い有名病院ですら、上位表示されなくなっているケースもあります。

**図表13　ネット集患に関するおすすめの書籍**

| |
|---|
| 【SEO対策】 |
| 河村伸哉著『クリニック広報戦略の教科書―自院のオフィシャルサイトを活用してGoogleに開業する』（日本医事新報社）<br>→ネット集患のノウハウがわかりやすく書かれています。 |
| 【MEO対策】 |
| 永友一朗著『Googleマイビジネス 集客の王道〜Googleマップから「来店」を生み出す最強ツール』（技術評論社）<br>→店舗ビジネス向けのグーグルマイビジネスに特化されています。 |
| 【検索連動型広告】 |
| 杓谷匠、田中広樹、宮里茉莉奈共著『新版 いちばんやさしいリスティング広告の教本　人気講師が教える自動化で利益を生むネット広告』（インプレス）<br>→検索連動型広告を出すために必要な知識を深めることができます。 |

グーグルは実験と検証を繰り返し、試行錯誤しています。「医療×ＳＥＯ」は、ＹＭＹＬ領域のなかでも市場が小さく情報が乏しいため、ＳＥＯの専門家でも詳しくないこともあります。ＳＥＯの専門家に相談してはみたものの、お金だけかかって順位が復活しなかったという話も聞きます。実際にＳＥＯ対策会社と月50万円で半年間（合計３００万円）の契約をしたにもかかわらず、順位が回復するどころか、より下落してしまったクリニックもあります。

私は、趣味の範囲になりますが、病院やクリニックのＳＥＯ対策に関する無料相談をメールもしくは対面で行っています。ご興味のある方は、まずはメールにてお気軽にお問い合わせください。

STEP 2

# 自院の拡張か分院展開か
# 事業拡大の成功法則

01

# クリニックの拡大戦略を検討する

## 安定的な医師の雇用が絶対条件

クリニックの拡大には、自院の拡張と分院展開の2種類の方法があります。自院の拡張とは、自分のクリニックの診療体制を拡充したり、医療機器を増やしたりすることです。分院展開とは、自院だけでなく、他の地域に新たにクリニックを開院することです。

自院の拡張や分院展開をしていくうえで、重要になってくるのは医師の雇用です。自分が診療するだけでは限界がありますので、安定的に医師を雇用する必要があります。

クリニック経営に必要な能力を、業績、スタッフ、患者さんの3要素に分解すると、業績をコントロールする力が「経営能力」、スタッフをコントロールする力が「管理能力」、患者さんを診療する力が「診療能力」といえます（図表14）。そして、診療能力をさらに分解すると、医師としての知識や経験などの「技術」と、患者さんにわかりやすく丁寧に説明し、良好なコミュニケーションが図れる「人柄」に分けることができます。

経営能力、管理能力、診療能力は互いに影響し合っていますが、必要とされる能力はかなり異なります。

図表14　クリニックの経営者に必要な３つの能力

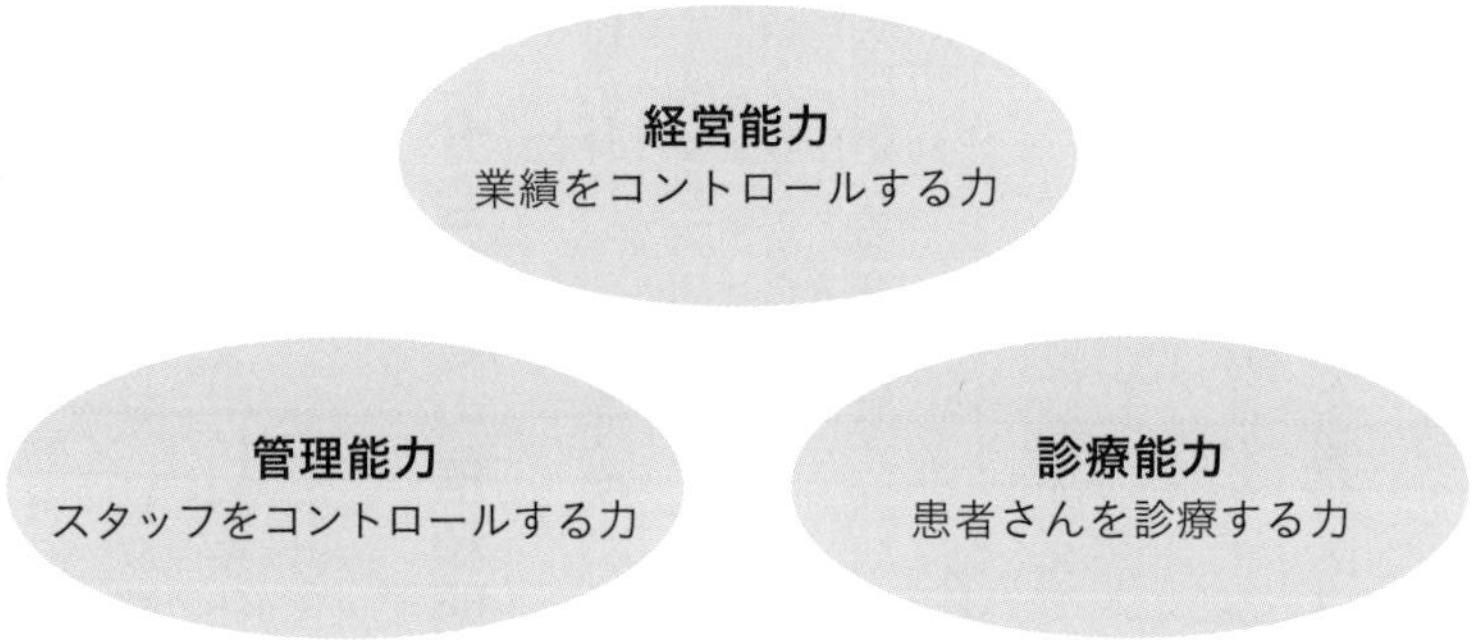


たとえば、管理能力が高い医師は、医療事務や看護師からの評判がよい傾向にあります。一方、経営能力、管理能力、診療能力のすべてが高い医師は、将来的に自分で開業してしまう恐れが高いといえます。

分院長を任せるのであれば、経営能力が低く、管理能力と診療能力が高い医師がよく、自院の拡張のための採用で管理してもらう必要がないなら、経営能力と管理能力が低く、診療能力が高い人を雇用すればよいということになります。適材適所で、強みを生かし弱みを補うために組織があるという考え方もあります。

医師も一人の人間です。常勤にせよ、非常勤にせよ、何十年も培ってきた診療スタイルはなかなか変えることができません。医師のなかには、診療が向いていない人、診療があまり好きでない人もいます。医師の診療スタイルは面接だけで見抜くことは難しく、トライアル勤務などを通して、適性を見極めるべきです。

非常勤医師を雇用する場合は、一般内科の外来であれば、各内科の専門医よりも、オールマイティーに診療してもらえる医師のほうがよいかもしれません。雇用しやすい医師としては、大学病院や総合病院の研究日にアルバイトを探している医師、子育て中で時短勤務したい医師などが挙げられます。

分院長、常勤・非常勤医師の給与は、立地（最寄り駅や最寄り駅からの距離）や診療科目、勤務時間、医師の専門性などにより変動はありますが、ご参考までに図表15で相場を紹介します。

## 医師紹介会社との信頼関係を大切に

医師の採用で医師紹介会社を利用する場合、「理論年収の20％（300〜400万円前後）も紹介料を支払うのだから、ちゃんとした医師を紹介してもらうのは当然」という横柄なスタンスはよくありません。医師紹介会社は看護師紹介会社と同じように、求職者である医師に登録してもらうために医師1人当たり数万円以上の費用をかけています。それ以外にも医師紹介会社はスタッフの人件費などを負担しています。

通常、医師紹介会社のスタッフは、医師と面談して希望条件を聞いたうえで、紹介可能な契約医療機関のなかから希望条件に近い医療機関を数箇所ピックアップし、医師に条件面などを説明します。後日行われる医師と医師が希望した医療機関との面談では、医師紹介会社の

**図表15　雇用する医師の給与（一般内科クリニックにおける相場）**

●**分院長**

常勤医師の給与に加えて、年間100～200万円前後の院長（管理者）手当が必要です。

●**常勤医師**

都心であれば週５日で1,500万円前後、地方であれば週５日で2,000万円前後が相場になります。土曜日午後、日曜日、夜間（20～21時まで）の勤務があると、より高額になる傾向があります。

●**非常勤医師**

都心であれば時給１万円前後が相場になります。

スタッフも同席します。もし、あなたが面談で高圧的な態度であったら、その医師はクリニックだけでなく紹介会社に対しても不信感を抱いてしまうかもしれません。すると、医師紹介会社は「あのクリニックには二度と紹介しないようにしよう」となってしまいます。クリニックは、求人に応募してきた医師だけでなく、医師紹介会社からも評価されているということです。

当院では、医師紹介会社との信頼関係を重視しており、求人の条件などは細部まで相談しています。医師紹介会社の担当者である株式会社メディカルリソースの若林さんとは、ご飯を食べに行く間柄でもあり、これまでに常勤医師を4名もご紹介いただきました。主な医師紹介会社の一覧を図表16で紹介します。

## 開業医はメール力を身につけるべき

開業医となり、自院の拡張や分院展開を検討するくらいにまで事業が拡大してくると、必然的に取引先へメールをする機会が増えます。医師は、メールを書くことに慣れていないことも多く、きちんとメールができる医師はそれだけで評価されます。

私は、社会人として最低限必要なメールの常識を書籍などで学び、文例を参考にしながら、取引先とのやりとりで使えそうなフレーズは真似をするようにしています。メールは、文面1つで第一印象が変わります。コストパフォーマンスも非常によく、開業医が身につけておくべき基本スキルの1つだといえます。

また、固定電話とは別に、クリニック専用のスマホを持つと便利です。月々の料金は数千円で済みます。固定電話だけですと、取引先からの通話中は、電話で問い合わせてきた患者さんがかけ直さなくてはいけません。外出しているときも、スマホがあれば急な要件に対応できます。

何か調べたいときに、いちいち立ち上げなくてはいけないパソコンよりもスマホのほうが早く調べることができます。メールもスマホから簡単に送信できます。LINEでグループを作成しておけば、クリニックのスタッフなどに一斉連絡する際も便利です。

## クリニック継承時のトラブル

院長の高齢化や業績不振を理由に、クリニックが分院展開やチェーン展開しているクリニック、開業志望の医師に売却されるケースがあります。その際に最も問題になるのは、スタッフの雇用をどうするかです。

診療体制を維持し採用コストを抑えるために、全スタッフを継続雇用する場合もありますが、いったん全スタッフを解雇したほうがトラブルは少ないかもしれません。

**図表16　主な医師紹介会社**

| | |
|---|---|
| エムスリーキャリア株式会社 | https://www.m 3 career.com/ |
| 株式会社リクルートメディカルキャリア | https://www.recruit-mc.co.jp/ |
| 株式会社メディカル・プリンシプル社（民間医局） | https://www.medical-principle.co.jp/ |
| MRT株式会社 | https://medrt.co.jp/ |
| 株式会社リンクスタッフ | https://www.linkstaff.co.jp/ |
| 株式会社メディウェル | https://www.mediwel.net/ |
| 株式会社メディカルリソース | https://www.medical-res.co.jp/ |
| ジーネット株式会社 | https://gnet-doctor.com/ |

02

# 自院を拡張する方法と注意点

## 自院の拡張と分院展開はどちらがよい？

開業医の先生から、クリニックの拡大を検討するにあたり、自院の拡張と分院展開はどちらがよいのかと相談されることがあります。通常、自院の拡張よりも分院展開のほうが難易度は高く、まずは自院の拡張をおすすめしています。自院で1診だったら、次に2診、3診体制にして、安定したら、分院展開する流れが一般的です。もちろん、最初から分院展開して繁盛しているクリニックもありますので、考え方次第ではあります。

医師の雇用は、非常勤医師、常勤医師、分院長の順に難しさが増していきます。非常勤医師しか雇用したことがない開業医が、分院長を雇用するのはハードルが高いかもしれません。もし、分院長が急に辞めてしまって後任が見つからなかったら、休院を余儀なくされます。

私が自院の拡張をおすすめする理由は、次の3つです。

### ①管理しやすい

同じ場所であれば、医師だけでなく看護師や医療事務へ目が届きやすいため、管理がしやすくなります。

### ②分院長を雇用する必要がない

自分が院長として管理すれば、新たに分院長を雇用する必要がありません。

### ③院長自らがカバーできる

雇用している医師が体調不良などで休んでしまった場合も休診にすることなく、院長自らがカバーできます。

## 自院を拡張する方法

自院の拡張には、診察日数や診察する医師の人数を増やすなどの方法があります。より広い場所に拡張移転することもできます。

### ①診察日数を増やす

最もベーシックな方法です。1週間のうち木曜日、日曜日が休診日だったとしたら、木曜日や日曜日に非常勤医師を雇用して休診日を減らします。

非常勤医師が診察する日は、自分が診察をしないことから、自分の目が届かなくなります。そのため、医師が診察するにあたって遵守すべき自院のルールなど策定し、非常勤医師だけでなく、医療事務や看護師にもある程度把握してもらう必要があります。具体的には、次に挙げるような項目についてルールを策定し、周知・徹底します。

- **患者さんを呼んでから診察が終わるまでの流れ**
- **必要最低限行うべき検査（症状や病気ごとに作成）**
- **外来で処方する日数や薬の種類（近隣の調剤薬局に在庫があるかどうかの確認）**
- **患者さんの体調悪化時の対応**
- **クリニックから他の医療機関を紹介する際の候補**

### ②診察する医師を増やす

診察室を増やすなどして、診察できる医師を増やします。1つの診察室しかないようでしたら、新しく診察室を作るために改装するか、別の場所に移転することになります。

内科と小児科など複数の診療科目があるクリニックで、院長である自分の専門が内科であれば、小児科の医師を雇用すると、お互いを補うことができます。

同じ診療科目の医師を増やす場合は、自分と非常勤医師に患者さんが分かれることになりますが、診察する患者さんはどうしても自分が多く、非常勤医師が少なくなりがちです。

### ③診療科目を増やす

自院を拡張するにあたり、自分の専門領域と重なる領域の診療科目を診療していくのが一般的です。世の中にあるクリニックのなかで組み合わせが多い診療科目の例を図表17に示します。その地域のニーズなども考慮しながら検討しましょう。

### ④新しい医療機器を導入する

特殊な医療機器であれば、その医療機器や治療法を目的に、より遠方からの受診が見込めます。ただし、くれぐれも採算を考えたうえで導入を検討してください。また、専門的なスキルがないと稼働することができない医療機器の場合、使用できる医師や看護師が限定され、医師や看護師の離職により使用できなくなる可能性もあるので、注意が必要です。

**図表17　診療科を増やす場合の候補**

| 現状の診療科目 | 検討候補となる診療科目 |
|---|---|
| 内科 | アレルギー科、呼吸器内科、循環器内科、消化器内科など |
| 整形外科 | リウマチ科など |
| 小児科 | アレルギー科、内科など |
| 皮膚科 | 美容皮膚科、形成外科など |
| 形成外科 | 皮膚科、美容皮膚科、美容外科など |
| 耳鼻咽喉科 | アレルギー科など |
| 産婦人科 | 内科、小児科、皮膚科、美容皮膚科、泌尿器科など |
| 泌尿器科 | 内科、腎臓内科、皮膚科、性感染症内科など |
| 精神科 | 心療内科、内科など |
| 麻酔科 | 内科、整形外科など |

03

# 分院展開の成功法則

## 分院展開のリスクと勝ちパターン

分院展開には、外部環境の変化などによるリスクがあります。規模が大きくなれば、うまくいかなくなった際の反動も大きくなるため、リスクを把握したうえで進めていく必要があります。ただお金を出して、分院長となる医師や看護師、医療事務を雇用すれば、黒字になるほど甘くはありません。

分院展開には勝ちパターンがあり、うまくいっているケースを挙げると、次の3つになります。

### ①競合がいない地方

地方であれば、競合がいない地域があります。幹線道路沿い、ショッピングセンターやスーパーなど、住民から認知度の高い立地の物件を賃貸します。車社会のため駐車場は必須です。

### ②電車社会の住宅街にある駅前1階

住宅街であれば、立地が新規患者さんの数を左右します。電車社会であれば、最寄り駅から徒歩3分以内の1階は、認知されやすくなります。

もちろん、住宅街であってもネット集患は必要ですが、競合が少ない分、「地域名＋診療科目名」の検索で比較的容易に上位表示されやすい傾向にあります。

## ③ターミナル駅にある駅前ビルの空中階

ターミナル駅であれば、ネット集患が新規患者さんの数を左右します。ターミナル駅から徒歩3分以内にある駅前ビルの空中階は、駅からの利便性が高く、「地域名＋診療科目名」の検索で上位表示されやすくなります。基本的には、駅から近ければ近いほど上位表示されやすく、駅を経由した来院率も高まります。

東京都内のターミナル駅でいえば、新宿、渋谷、池袋、東京など、準ターミナル駅であれば、品川、秋葉原、上野、飯田橋、新橋、北千住、高田馬場、立川などが挙げられ、チェーンクリニックが開院しやすい場所でもあります。

「グーグルキーワードプランナー」や「ウーバーサジェスト」などのツールを使用して、「地域名＋診療科目名」の月間検索回数を調べれば、どれくらいのニーズがあるかの目安がわかります。思っていたよりも多かったり少なかったり、予想と違うこともあります。上位表示されるのが前提で、当然、検索回数の多い地域ほど競合も多く競争が激しい傾向にあります。

## チェーンクリニックとは戦わない

チェーンクリニックは、ネット集患や人事の専門家を社員として雇用していて、企業秘密のノウハウをたくさん持っています。

ターミナル駅周辺や乗降客数の多い駅で開業する場合は、チェーンクリニックがない地域でも、将来的にできる可能性が高いため、チェーンクリニックと一生戦い続ける覚悟を持って、開院するべきです。

そういった激戦区で開業する個人クリニックの開業医は、腕や経営に自信があり、実際にレベルが高いのも事実です。激戦区では、個人クリニックが閉院するだけでなく、分院展開したクリニックやチェーンクリニックですら、撤退することがあるのが現実です。

分院展開をしているクリニックのなかには、あえてチェーンクリニックが進出しそうな駅は避けて、電車社会の住宅街の駅前1階を狙うところもあります。

分院展開には1診体制、2〜3診体制（同じ診療科目・複数の診療科目）、4診体制以上などのパターンがあります。手術設備のないクリニックで1診体制であれば、15坪以上40坪以下、2〜3診体制であれば、20坪以上60坪以下が目安になります。

地方都市などで周辺に総合病院がない地域のクリニックや、大企業の従業員向け健診センターなどは、より大型化していて、ＣＴやＭＲＩなどの高度な医療機器を設置していることもあります。

## トラブルが多発？ 雇用医師の独立開業

雇用している医師が独立開業することもあります。そうした場合、経営的に最も影響が大きいのが近隣での独立開業で、既存の患者さんに独立開業を案内したり、スタッフを引き抜いたり、トラブルになることがあります。

既存の患者さんに独立開業を案内する方法はいくつかありますが、「ホームページを開設したら見てください」と伝えるだけでなく、密かに名刺やパンフレットを渡すことがあります。スタッフの引き抜きでは、医療事務や看護師に今よりも高い給料を払う約束で、「独立開業したらついてきて欲しい」などと伝えます。

近隣での独立開業は互いに患者さんを分けることになります。経営的な観点から見ると、10年後、20年後まで大きな影響を及ぼします。仮に、年間売上が2000万円減ったら、10年で2億円、20年で4億円の売上が減る計算になります。

「恩を仇で返すとは！」と怒っても後の祭りです。事前にトラブルにならないように、雇用する際に面接で伝える、雇用契約書に記載する、独立開業することがわかったら確認するなどして予防することが大事です。独立開業が決まっていなくても、定期的に面談や食事をして、釘を刺しておきましょう。

# 04

# 分院候補地の選定

## 繁盛していないクリニックの共通点

私は、これまでに開業前から繁盛中まで、さまざまなクリニックへアドバイスをしてきましたが、繁盛していないクリニックには1つの共通点があります。それは、「立地」です。

電車社会であれば、「駅から遠い」「駅から近くてもビルのなかにあり、なかなか認知されない」など、繁盛していないクリニックは、いわゆる立地がよくない場所にあります。

口に出してはいいませんが、心のなかで、「なぜ、こんな場所で開業しちゃったんだろう……」と疑問に思うこともあります。開業場所を探していて、家賃も高くないし、広さもちょうどいいから、なんとなくそこに決めてしまったのでしょうか。

「コンサルタントの口車に乗ってしまった」「不動産会社の人にすすめられてその気になってしまった」など、患者さんが来ないことを人のせいにすることもできますが、結局は自己責任です。

新規患者さんが来ないため、何か増患対策ができないのかと悩んだ挙げ句、ネットに活路を見いだすことになります。

## 今後ますます厳しくなるクリニック経営

### ①医科クリニックは歯科クリニックと同じ道を辿る

1990年代くらいまでは、歯科クリニックも今ほど競合がおらず、ビルの空中階や駅から遠くてもある程度は繁盛していました。

ところが、バブル崩壊で家賃相場が安くなったこともあり、駅前の1階に平日夜や土曜日午後、日曜日も診療する歯科クリニックチェーンが進出し、状況が一変します。今まで来ていた新規患者さんは激減し、徐々に売り上げが下がっていきます。

そうなると、ネットに力を入れるしかなくなり、歯科クリニックのホームページを制作する会社や広告代理店の売上が急増しました。現在、歯科クリニックはネットにおける競争が激しくなっています。

検索連動型広告のクリック単価は高騰し、数百円もザラです。検索連動型広告を出すのは当たり前となり、いかに売上を伸ばすかが業界内で研究され尽くしています。私は歯科クリニックの経営者やホームページ制作会社から歯科のネットマーケティングの情報を収集していますが、本当によい勉強になります。

近い将来、医科クリニックも同じような道を辿る可能性があります。クリニックの経営者は、5〜10年後ではなく、20〜30年後を見ていきたいものです。俯瞰して分析することにより、今後の経営リスクを予測することができます。

## ②激戦区では1人当たりの集患コストが上がる

競争が激しくなると、1人当たりの集患コストが高くなります。立地があまりよくなく家賃が安い場所で普通に新規患者さんが来ていた地域でも、競争が激しくなれば、立地がよく家賃が高い場所にだけ新規患者さんが集まるようになります。

ごくシンプルなことですが、家賃が高いと躊躇してしまう気持ちもよくわかります。もちろん、経営が安定してきてから立地のよい場所に移転するという選択肢もあります。

## ③近隣にある既存のクリニックとの軋轢

繁盛しているクリニックの経営者にとって、競合クリニックの開院はかなりのストレスでもあり、脅威です。新規開院や分院展開する際は、近隣にある既存の開業医と関係性が悪くならないように注意するべきでしょう。

既存のクリニックから、医師会を介して嫌がらせを受けたり、露骨に直接電話がかかってくるなど、トラブルになることもあります。

# マクドナルドの近くに開業すべし

日本、いや世界で一番好立地な場所を押さえているのは、どの会社かご存じですか？　本当かどうかわかりませんが、マクドナルドだといわれています。マクドナルド以外でも、スターバックス、ケンタッキー、松屋でもいいかもしれません。電車社会の駅であれば、大都市を除き、その駅の最も好立地に1つだけあるという特徴があります。そのため、マクドナルドの近くに開業すれば、認知されにくいということはないでしょう。

ちなみに、コンビニは駅から遠い場所でも成り立ちます。クリニックにとって、コンビニの近く＝好立地とはいえないかもしれません。

マクドナルドの近くは家賃が高いから、家賃を支払うのが厳しいと思うかもしれません。しかし、一番厳しいのは、クリニックの存在が認知されずに新規患者さんが来ないことです。

図表18のように、月額で同じ60万円支払う場合、大概はAよりもBのほうが新規患者さんは来院します。激戦区では、家賃が安い場所でもやっていける時代は終わりました。

## 物件探しは情報感度が命

はっきりいうと、開業希望の医師に紹介される物件の多くは、ファーストフード、カフェ、コンビニなどのチェーン店に紹介したものの、お眼鏡にかなわず、全国に周知されるネット媒体に掲載された魅力の低い物件であることが多いです。

通常、物件の管理会社は空き室が出ると、医療機関のみ募集の物件でなければ、まずは付き合いのある不動産会社や企業へ話を持っていきます。医療機関のみ募集の物件であっても、よい立地の物件は内々で決まることもあります。それでも決まらなければ、全国に周知されるネット媒体に掲載されます。

## 図表18　激戦区で同じ60万円を支払うなら？

| 【Aの場合】 |
|---|
| 家賃坪単価１万円×30坪＋ネット広告10万円＋駅看板５万円×２か所＋その他（電柱広告など）10万円＝60万円 |
| 【Bの場合】 |
| 家賃坪単価２万円×30坪＝60万円（自身でSEO対策を行い、ネット広告などは一切しない） |

## 図表19　物件の募集から入居までの流れ

物件に入居しているテナントからオーナーに３～６か月後に解約予告が伝えられる。

↓

管理の不動産会社、仲介の不動産会社がSUUMO（スーモ）、HOME'S（ホームズ）などの媒体に物件情報を掲載する。

↓

入居希望のテナントが物件情報を見て、問い合わせをして内見する。

↓

テナントが入居申し込みをする。

物件の募集から入居までの流れは図表19の通りです。契約してから数週間以内にすぐに家賃が発生することもありますし、1～2か月間は家賃が発生しないフリーレントとなることもあります。

物件探しは情報感度が大切です。いかに表に出る前によい物件情報を入手するかどうかにかかっています。冷静さを忘れてはいけませんが、よい物件が出たらすぐに申し込みができるように、事前に準備をしておくべきです。

目安としては、都市部の電車社会の1階で家賃の坪単価が1万円以下の物件は、適しているとはいえません。誤解を恐れずにいうと、本来は商売をやってはいけない事務所向けの物件で開業している先生もいます。

私は開業前、勤務先の病院ではなく個

人の名刺を作り、開業候補地の周りの不動産会社にアポなしで挨拶に行き、「条件に合う物件があったら、紹介してほしい」と頭を下げていました。それだけ価値があると判断したため、実行しました。

## クリニック激戦区に進出すべきか？

その地域で医療機関を受診する患者さんの数はおおよそ決まっており、必要な医療機関の数も決まっています。たくさんクリニックがあるからといって、患者数が増えるわけではありません。繁盛しているクリニックであっても、競合が近くにできた途端に患者数が減り始めます。

特に、ネット集患では、上位表示されるかどうかによって大きな格差が生じるため、それまでネットの恩恵を受けていたクリニックでも近隣にネットに強い競合ができると、患者数は半減することがあります。

クリニック激戦区のオフィス街の実情をよく知らずに、激戦区で開業するクリニックが増えています。「専門医がいれば大丈夫」「夜は9時、10時まで、土日も診療すれば競合に勝てる」などと考えている開業志望の勤務医も少なくありません。

これまで病院の外来や病棟で経験を積み、専門医試験に合格して、医療技術では街医者には負けないという気持ちはわかりますが、現実を直視する勇気が大事です。

平日夜間や休日の診療は、一定規模以上の駅であればニーズがあり、初めのうちは繁盛しますが、競合ができると話は変わります。理論上は1つ競合ができると患者さんは半分、もう1つ競合ができると患者さんは3分の1になります。いつまでも同じ状況が続かないことを想定しておく必要があります。

東京などの大都市のターミナル駅周辺やオフィス街でいえば、クリニックは常に飽和状態であり、仮に今は競合がいなかったとしても、将来的には競合ができる可能性が高いといえます。ターミナル駅周辺やオフィス街で開業するのは覚悟が必要です。

チェーンクリニックは、需要が大きい場所、大きい駅ほど進出する確率が高くなります。ターミナル駅周辺やオフィス街のなかで、有望な立地をあえて挙げるならば高層ビルのなかくらいです。高層ビル内の需要を取り込めるため、ある一定の患者数は見込めるでしょう。

ビジネスの世界では、需要よりも供給が過剰になったり、市場が縮小したりすると、シェアの少ない企業は赤字が続き撤退します。しかし、クリニックの場合は、開業医自身の年収が1000万円を切ったとしても閉院や移転をせず続けていくことになります。そうなると、院長の給与がバイトの医師よりも少なくなってしまうこともありえます。

## 競合クリニックができると患者さんはどれくらい減る？

地域に新しく競合クリニックができると、患者さんはどれくらい減るでしょうか？　わかりやすく単純化して考えてみます。たとえば、1日100人ほどの医療需要が見込まれる地域があって、家賃や人件費などの経費の合計を患者さんの医療費30人分だとした場合、図表20のようになります。

あくまで例であり、必ずしもこのようになるわけではありませんが、競合クリニックが増えることによって、利益が大きく減ることがおわかりいただけたかと思います。

## 図表20　競合クリニックの開業と患者数

| ①既存のクリニックがなく、クリニックを開業した場合 |
| --- |
| 100人のうち80人に認知されて来院があり、１クリニック当たりの利益は80人－30人＝50人で、50人分がクリニック院長の利益になります。 |
| **②既存のクリニックが１つあり、２つ目のクリニックを開業した場合** |
| 100人のうち100人に認知されて、100人の患者さんを２つで分けることから、１クリニック当たり50人の来院があり、１クリニック当たりの利益は50人－30人＝20人で、20人分がクリニック院長の利益になります。 |
| **③既存のクリニックが２つあり、３つ目のクリニックを開業した場合** |
| 100人のうち100人と、その地域以外からの20人にも認知されて、合計120人の患者さんを３つで分けることから、１クリニック当たり40人の来院があり、１クリニック当たりの利益は40人－30人＝10人で、10人分がクリニック院長の利益になります。 |

実際には、競合クリニックがまったくない地域はほぼないでしょうし、クリニックの立地や評判などにより来院人数は異なります。

大規模なマンションや戸建て住宅の開発などで周辺に住んでいる人が急激に増えた地域では、競合が少なく立ち上がりはいいですが、時間とともに競合クリニックが増えていく可能性が高いといえます。

しかも、どのような競合クリニックが開院するかは将来になってみないとわからないため、不確実性の高い開業になりがちです。

調剤薬局が中心となりビルを一括で借り上げ、クリニックモールにして各フロアを貸し出すケースがあります。クリニックは1つよりも異なる診療科が複数あったほうが認知度は上がります。同じモール内にある他のクリニックを受診した患者さんに、自院の存在を知ってもらえるからです。

クリニックモールは、立地がよく家賃が安い好条件であれば、すぐに埋まりますが、なかなか埋まらないことも少なくありません。5区画入居予定のクリニックモールがオープン時には2区画しか埋まらず、結局、他の3区画はクリニック以外が入居したケースもあります。いつまで経っても埋まらなければ、計画自体がなくなります。

## コンサルタント選びで最も大切な要素とは？

コンサルタントの仕事は、開業前に行うものと開業後に行うものに分けられます。開業前の仕事としては、クリニック開業地の選定や開業に必要な手続きの代行など、開業後の仕事としては、業績改善や向上のための助言などが挙げられます。コンサルタントと契約する前に、どこまでの範囲がサービスになるのかをきちんと確認しておくべきでしょう。

新規開業、分院展開にかかわらず、開業前のコンサルタントの役割で最も重要なのは、開業地の選定と評価にあると思います。開業は立地が8割ともいいますが、クリニックの立地はコンビニ、カフェ、美容室、治療院など他業種とも競合します。

届出関係の手続きやスタッフの採用も重要ですが、他のコンサルタントでも大きな差はつきません。条件に合う開業地を見つけ、どれくらいの新規患者さんが見込めるかなどを評価し、賃料がそれに見合っているかを判断することは、開業後の業績に大きく影響します。

開業を志望する多くの医師は、資金力がないこともあり、なんとなく開業地を決めてしまっています。立地が新規患者さんの数にどれくらい影響を与えるかを考えていません。

残念ながら、コンサルタントと名乗っているものの、医療機器や内装などを取りまとめて、医療機器メーカーや工事会社からキックバックをもらうことにしか興味・関心のないコンサルタントもいます。その場合、賃貸での開業であったとしても、開業費が数百万円以上高くなってしまうケースもあります。

コンサルタントも仕事ですから、お金を稼がなくてはいけません。キックバックなしの一定額の費用で開業支援を行っているコンサルタントもいます。

## ネットの力＝天の恵み、立地の力＝地の恵み

私はネットの力を「天の恵み」、立地の力を「地の恵み」と勝手に呼んでいます。政治の世界で選挙における空中戦と地上戦の違いとも似ています。

当院の新規患者さんの数は、上位表示の順位により、かなりの増減があります。順位が落ちて、新規患者さんが3分の2に減ったこともありました。

新宿駅前のビル1階の賃料は、坪単価6～10万円前後です。家賃が高いため採算は取りにくく、地の恵みはありません。天の恵みを支配しているグーグルに首根っこを捕まれている状態で、ハイリスクといえます。

グーグルのキーワード検索というテクノロジーのおかげで、患者さんはスマホでクリニックを探すことができるようになりました。これにより新たなマーケットが生まれたともいえます。

利便性の高い駅前は、需要が顕在化し、たまたま駅前の空中階で開業していたクリニックだけでなく、

駅から少し距離のある1階で開業していたクリニックも繁盛しました。それを自分だけの力だと過信して、天狗になっている開業医も少なくありません。

新規開業を控えた競合クリニックの院長が挨拶に来ても、「先生も忙しくなるだろうけど、頑張っていきましょう」なんて余裕を見せていたのに、競合が上位表示されるようになり、いざ患者さんが激減してしまうと、「競合クリニックの悪口を流す」「患者さんを分けるように要求する」などトラブルになるケースもあります。

キーワード検索という天の恵みを享受していたのに感謝をせず、天罰が下ったのでしょうか。自分のクリニックがなぜ繁盛しているのかを客観的に分析しておくことが大切です。

STEP 3

# 労務トラブルを回避するための予防策

## 01

# 求人募集・採用面接の鉄則

### 愚者は経験に学び、賢人は歴史に学ぶ

私は、2009年に開業してから今までに常勤医師20名、常勤看護師20名、常勤医療事務40名ほどを雇用してきました。面接した医師は50名以上、看護師は50名以上、医療事務は100名以上になりました。多くのスタッフを雇用してきた分、さまざまなトラブルを経験し、労働問題に詳しくなりました。また、クリニックのコンサルティングをしていることから、自院以外のクリニックから労務問題の相談を受け、多くの事例が集まりました。

世の中には、「うまくいっている」「成功している」「繁盛している」クリニックの実例が溢れており、採用において失敗した学びの大きい実例は不思議と少ないものです。繁盛しているクリニックは忙しく、スタッフの人数が多いため、労務問題を抱えやすい環境にあります。

「愚者は経験に学び、賢人は歴史に学ぶ」

これは開業してから、私の好きになった言葉です。私や他のクリニックのトラブルから学んでいただき、トラブルにならないように、ぜひ参考にしてください。

ＳＴＥＰ３では、求職者を募集する方法をはじめ、開業医がスタッフとの間で労働問題にならないための予防策、トラブルになってしまったときの解決策を解説していきます。

## 求職者が応募するまでの３つのパターン

看護師や医療事務の求人は、ネット媒体が主流です。数年前までは紙媒体のみでも応募がありましたが、紙媒体だと履歴書を送付してもらう必要があるため、手間がかかりすぎてしまい、求職者から敬遠されがちです。ネット媒体であれば、経歴などを簡単に確認することができ、お互いメールで質問もできます。

看護師や医療事務などの求職者がクリニックや病院の仕事を探し、応募するまでには、大きく分けて次の３つのパターンがあります。

### ①直接応募

求職者が「地域名＋看護師＋求人」「地域名＋医療事務＋応募」などのキーワードで検索して、クリニックのホームページに掲載している求人ページから、直接応募して面接することになります。

### ②求人サイトからの応募

求職者が「看護師＋求人」「医療事務＋募集」などのキーワードで検索して、求人サイト（「とらばーゆ」や「インディード」など）で広告掲載しているページから応募して面接することになります。

### ③紹介会社からの紹介

求職者が「看護師＋求人」「医療事務＋募集」などのキーワードで検索して、紹介会社のサイトに希望条件を入力して登録することにより、条件に近いクリニックを紹介されて面接することになります。

求職者は紹介会社のサイトに登録すると紹介会社から連絡があり、担当者と直接会って面談をします。当然、紹介会社は紹介を依頼されているクリニックのみを紹介します。実際には、直接応募がない、求人サイトに広告掲載しても応募がないなど、求職者にとってあまり魅力的でないクリニックを紹介することもありますが、求職者はそのような事情を知りません。

採用が決定した場合、年俸の20％程度を紹介料として支払う必要があるのが、直接応募や求人サイトとの大きな違いです。

入職者は一般的に、直接応募、求人サイト、紹介会社の順でクリニックに長く在職する傾向にあります。同じ条件であれば、直接応募よりも求人サイトのほうが応募数は多い傾向にあります。

知人のコンサルタントから聞いた話ではありますが、紹介料の返金規定期間が終了する採用後半年以降に、入職したスタッフに連絡をして不満がないかどうかを尋ねる紹介会社があるそうです。

少しでも不満があれば別の医療機関を紹介して、手数料を再度得るというビジネスモデルのようです。そのような紹介会社ばかりではないでしょうが、手数料もかかるので、直接応募や求人サイトからの応募を優先させたいところです。

当院では、看護師と医療事務は、直接応募もしくは求人サイトからの募集としています。医師は紹介会社に紹介を依頼しています。

## クリニックのホームページ内に求人ページを作成すべき理由

求人サイトでは、広告として掲載できる文字数が限られています。クリニックのホームページ内に求人ページを作成して、より詳しくクリニックの魅力を伝えるべきです。求職者は多くの場合、求人サイト経由の応募であっても、クリニックのホームページを閲覧して応募するかどうかを決めています。

求職者は、「看護師」「医療事務」といった職種のキーワードと、「求人」「転職」「募集」といった転職系のキーワードを掛け合わせて検索をしています。「看護師＋求人」「医療事務＋転職」などの地域名を含まないキーワードは、「とらばーゆ」などの求人サイトや紹介会社のホームページが上位表示されやすく、クリニックのホームページが上位表示されることはまずありません。必然的に、自院の求人ページは、「地域名＋診療科目名＋看護師＋求人」「地域名＋診療科目名＋医療事務＋転職」などのキーワードでの上位表示を目指すことになります。

クリニックのホームページから、求人の内容を独立させてクリニックの求人ページを作るケースもありますが、外部リンクがないクリニックの求人ページは上位表示されにくい傾向にあります。今のところ、わざわざ数十万円のサイト製作費、月数千円から数万円の管理費をかけてまで独立させる必要はないでしょう。

## 採用面接では同じ職種のスタッフを同席させる

人事は採用が8割といわれます。そのため、どのような人を採用するのかが大きなポイントになります。どんなに優れた管理者であっても、不良スタッフを教育して優良スタッフへ変えることは至難の業です。優良だと期待して採用しても、時間とともに不良になったり、人手不足で仕方なく採用したスタッフが案外よい働きをしてくれることもあります。あくまで面接でわかるのは確率であって、トライアル勤務、試用期間を経て、本採用となり、時間の経過とともにその人の本当の実力がわかってきます。

採用面接では、同じ職種のスタッフを同席させるとよいでしょう。看護師の面接なら看護師、医療事務の面接なら医療事務を同席させます。看護師や医療事務は面接官として素人ではありますが、採用後は同僚となるため、お互いの相性がありますし、何か揉め事が起きたときでも「自分が面接で選んだのだから面倒をみよう」という意識を持ってくれます。

他にも税理士やコンサルタントに同席してもらう方法もあります。

02

# 労務トラブルを起こさないために

## 悩みの尽きないスタッフとのトラブル

私は、ありがたいことに開業当初からネット集患が順調で、患者さんに困ることはあまりありませんでした。しかし、スタッフには大変苦労しました。人事については、失敗の連続だったといえます。トラブルに対する怒りで眠れない夜が続いたこともありましたが、本当にさまざまな教訓を得ました。

今まで開業医から数多くの相談を受けてきましたが、悩み事の深刻さに関しては人事がナンバー1です。開業医は、日々の診療が忙しいこともあり、「去る者を追わず」という姿勢で、できるだけ穏便にトラブルを済ませようとします。繁盛していてうまくいっているように見えるクリニックでも、人事ではトラブルを抱えており、その内情は外部には漏れてきません。

スタッフに関する悩みは、大きく分けて2つあります。1つは急に辞めてしまって欠員が出ることにより他のスタッフの業務負担が重くなること、もう1つは業務遂行能力が低く他のスタッフとトラブルを起こす不良スタッフがなかなか辞めてくれないことです。不良スタッフがなかなか辞めてくれないと、他の優良スタッフが辞めていき、入職したばかりのスタッフも定着しない状態になりがちです。

不良スタッフには、次に挙げるようないくつかのタイプがあります。

## ①受付やレセプト業務の能力が足りない

明らかに業務遂行能力がない場合は、トライアル勤務や試用期間中に判断する必要があります。能力が足りないスタッフがいると、他のスタッフの業務負担が重くなり、患者さんからクレームを受けることになります。

トライアル勤務は1回もしくは数回設けることがあります。1回のトライアル勤務でも給与が支払われるケースが多いですが、入職前に実際に働いてもらうことにより、働きぶりを知ることができますし、求職者としても職場環境を確認することができます。トライアル勤務で双方が合意すれば、雇用契約を結び入職することになります。一方、3か月や6か月などの試用期間を設けて、試用期間終了後に本採用とすることがあります。試用期間は必ず設けなくてはいけないわけではありませんが、試用期間を設けることにより、本採用前に辞めてもらいやすいことはあるでしょう。試用期間が2週間を経過したら、正当な解雇事由なく解雇することができなくなりますので、注意が必要です。

## ②やる気がなくて仕事をしない

最初からやる気がない場合もあれば、徐々にやる気がなくなる場合もあります。やる気がなくて仕事をしない人がいると、一緒に働いている人もやる気がなくなる危険性があります。

### ③周りのスタッフとうまくいかない

看護師や医療事務としての能力がいくら高くても、周りのスタッフとうまくいかない人は採用するべきではありません。面接では、他のスタッフとうまくいくかどうか人柄を見ます。しかしながら、面接で見抜くことができたら、採用について誰も困りません。

## 労務問題が起こる前に予防の仕組みを作ろう

労働問題が起こる前に予防することが大事です。労働問題が起きてしまったら、解決できたとしても時間もお金もマイナスになります。トラブルにならないように、予防策に時間とお金をかけていく必要があります。予防のための仕組みをいちいち作るのは面倒ですが、仕組みを持っておくと、確実に労働問題を減らすことができます。まずは、全般的に行っておくべき予防策をお伝えします。

### ①誓約書を提出してもらう

採用時に誓約書を提出してもらいます（図表21）誓約書にはルールや禁止事項を記載して、サインを書いてもらいます。「きちんとしたルールに基づき運営されているクリニックだな」と印象づけられます。

### ②身元保証書を書いてもらう

同様に、身元保証書を書いてもらいます（図表22）。身元保証人は親が一番よいでしょう。固定電話な

## 図表21　誓約書（服務等）の例

●服務等

年　月　日

医療法人社団ＳＥＣ

理事長　蓮池　林太郎　様

### 採用時誓約書（服務等）

私は、従業員として医療法人社団ＳＥＣ（以下「医院」という。）に採用され入社するに当たり、下記の事項を十分に理解し、厳守することを誓います。もしこれに違反した場合には、医院の規程に基づき懲戒処分を受け、契約を解除されることがあることについて異存はありません。（下記の項目について☑を入れて頂きまして、ご提出ください。）

記

☐ 医院の就業規則、諸規程及びその他の諸規則により定められた内容を十分に理解し、これを遵守します。

☐ 医院の経営方針、所属長・上司の指揮命令に従い誠実に勤務します。また、医院の業務にかかわるすべての関係者に対し、相手を尊重して明朗快活に接し、良好な人間関係を築きます。

☐ 医院の業務に専念し、医院の事業目標の達成に貢献するよう勤務します。また、医院の利益に相反する不当な活動及び競業的行為を一切行いません。

☐ 医院内外を問わず医院の名誉、信用その他の社会的評価を害し、企業秩序を乱すことのないように行動します。また、演説、出版、放送、取材及びインターネット等により不当な情報を流布することはありません。

☐ 医院の業務を遂行する上で必要な情報はすべて正確に医院内関係者と共有し、また、上司からの求めに応じて正確に報告します。

☐ 医院に提出した履歴書、その他入社手続関係資料類の記載事項、及び採用選考時等に口述した内容は事実に相違ありません。

☐ 医院の業務の必要に応じて、担当職務、勤務形態の変更、転勤、及び出向等を命ぜられた場合はこれに従います。

☐ 医院の事業推進に十分な力を発揮するために、自らの精神的及び身体的な健康を維持するよう、私生活においても十分に留意します。

☐ 現在は精神的、身体的に健康状態にあり、定期健康診断、その後の二次診断、及び医院が随時指定する医師の診断について医院の指示に従って受診し、その結果をすべて遅滞なく報告します。また、医院の健康管理上の指示についても従います。

☐ 医院の企業秘密、営業秘密、顧客及び関係者等の企業秘密並びに個人情報、その他職務上の秘密を守り、不正な使用、複製、複写及び開示をしません。また、退職後においても同様とします。

☐ 医院が必要に応じて行う所持品検査、及び情報端末の使用履歴並びに保存情報の調査を行う場合は、これに進んで協力します。

□ 自らが暴力団員、暴力団関係者及びその他の反社会的勢力ではなく、現在から将来にわたってこれらとの関係を持つことはありません。

□ 医院の業務にかかわる関係者が、法令違反その他の反社会的行為を行っている事実を知り得たときは、可能な限り損害を防止する措置を講じたうえで、直ちに医院の上司に報告します。

□ 故意又は重大な過失により医院に損害を与えたときはその責任を負い、医院が被った損害を賠償します。

□ 自己の都合により退職する際は、貴院に迷惑をかけないように定められた期間前に退職願を書面にて提出をするようにいたします。

□ 以上各項の他、社業の発展に進んで協力し、それを妨げる言動は行いません。

以上

住所：

署名：　　　　　　　　　　㊞



## 図表22 身元保証書の例

身元保証書

現住所
氏　名
生年月日

上記の者について、貴院在職中の身元を私は、向こう５年間保証いたします。
万一、本人の故意又は過失によって貴院に損害を与えたり、ご迷惑をお掛けした場合には、身柄の引取り等適切な措置をとるとともに、私は連帯してその損害を賠償いたします。

平成　　年　　月　　日

医療法人社団 SEC 新宿駅前クリニック
理事長　蓮池　林太郎　殿

保証人氏名　　　　　　　　　　印
本人との続柄
現住所
生年月日

どの番号も記載してもらいます。トラブルになったときに連絡がいくことになるため、抑止力になります。

身元保証人は、親であっても本人の状況を把握していないことがあり、トラブルがあったことを伝えると驚かれることがあります。トラブルになったことを誠実に伝えて協力を申し出たら、力になってくれることもあります。

### ③前職の評判を聞く

当院を辞めたスタッフが別の医療機関の面接を受けて、その医療機関から当院に「どんなスタッフだったか」と電話で問い合わせてくることがあります。スタッフの働きぶりについては答えてはいけないので、当院では回答していませんが、他の医療機関では答えているクリニックもあるようです。

### ④トライアル勤務をしてもらう

最も行ったほうがよい予防策です（図表23）。トライアル勤務をすると、その人の能力や人柄がある程度わかります。そのため、給与を支払っても行う価値があります。

なお、トライアル勤務をしてみて、本人から辞退の申出があることもありますが、求職者にとっても実際にどのような職場か体験できるのでメリットがあります。

ただし、トライアル勤務ですべてがわかるわけではありません。トライアル勤務を挟むことで入職率が下がりますので、人手不足のときは、トライアル勤務なしで雇用するのも1つの選択肢です。

## ⑤業務内容をマニュアル化する

スタッフが行う業務内容や患者さんへの対応をマニュアル化します（図表24）。なかには、患者さんに対して社会常識から逸脱した対応をするスタッフもいます。

マニュアル化して、ルールを決めることにより、いちいち指摘する回数が減り、無駄な軋轢を減らすことができます。マニュアルからずれていた場合も指導しやすくなります。

## ⑥定期的にコミュニケーションを図る

定期的に面談をする、一緒にご飯を食べに行くなどコミュニケーションを図ると、悩み事やトラブルを早く察知することができます。診療時間中にいいにくいことも、面談中や外でならいいやすいこともあります。

できれば、ゆっくり話しやすい個室、もしくは他の人に話し声を聞かれない空間がよいでしょう。もちろん、食事代はご馳走します。スタッフのなかには、勤務時間外に食事をしたくないという人もいるので、そういった場合は本人の希望を優先させます。

### 図表23　職種別トライアル勤務のチェックポイント

**【医師】**
- ●能力……診断力、病気についての説明力、患者さんからのフィードバック、診療スピード
- ●人柄……患者さんへの対応、看護師や医療事務への対応

**【看護師】**
- ●能力……採血、点滴、注射などの手技、病気についての知識など
- ●人柄……患者さんへの対応、同僚となる看護師との相性、医師や医療事務への対応、クリニックに訪れる業者への対応

**【医療事務】**
- ●能力……受付対応、入力のスピードと正確性、レセプト、電話対応など
- ●人柄……患者さんへの対応、同僚となる医療事務との相性、医師や看護師への対応、クリニックに訪れる業者への対応など

## 図表24　マニュアルの例

◆応対マニュアル◆

※患者様、おひとり　おひとりと視線を合わせ、高圧的にならないように、
優しい口調で対応する。
敬語を使い、友達言葉にならない。

○受付の順番を待っている患者様をご案内する時
「お次、お待ちの方お待たせいたしました。こちらへお越しください。」
→受付に到着したら
「おまたせいたしました。今日は、いかがされましたか？・・・・・」

○問診票の記載漏れがある時
「申し訳ございません。こちらにご記入をいただいてもよろしいでしょうか。」

○（受付時に）内科・風邪症状の受診での時
「申し訳ございません。風邪症状のある方はお席を分けています。
入口をでて、左手のパーテーションの奥でご記入をお願いします。
こちらから問診票を取りに伺いますので、そのままおかけになって
お待ちください。」

○内科の問診票を取りに行った時
「（問診票の記入を確認後）このあと、お名前を呼ばれたら１番の
診察室にお入りください。お待たせして申し訳ございません。」
※換気をしていて寒い時は、「寒い中申し訳ございません。」

○受付で検査の検体を預かる時
「恐れ入りますが確認のため、お名前をお願いします。（預かった後）この後
お会計でお呼びします。受付近くでお待ちください。」

○トイレに行きたいと言われた時
「（診療科の確認後）トイレからお戻りになられましたら、受付にお
声かけください。」

○会計でお呼びした時
「お待たせいたしました。お会計になります。」

○会計時に保険証・診察券の返却する時
※返却時は両手でおこなう
初診：「保険証のお名前、お間違いないでしょうか。診察券を作成しています。
受付時間・診察時間は△時になります。」
再診：「保険証・診察券のお名前、お間違いないでしょうか。」

○会計時にクレジットカードを提示された時
「申し訳ございません。当院は現金のみとなります。」
※現金の手持ちがない場合は、近隣のATMをご案内する

当院では、価値観の合うスタッフとは定期的にご飯を食べて、ストレスをはき出してもらい、日頃の感謝の気持ちを伝えるようにしています。

## 事務長を雇えばすべて解決するほど甘くはない

誰かに人事トラブルの相談をすると、「事務長を雇えばいいじゃない」とアドバイスをもらうことがあるかもしれません。たしかに、労務トラブルや患者さんからのクレームなどは、事務長が対応してくれたら診療に集中できます。

しかし、残念ながら、事務長を雇えばすぐに解決するほど甘くはなく、事務長を雇っても苦労が絶えないクリニックが少なくありません。事務長を雇用すると、既存のスタッフと折り合いが悪くなるケース、事務長としての能力が低く業務を遂行できないケース、お金の管理を集中的に行うため横領してしまうケースなどをよく聞きます。そもそも売上1億円規模のクリニックでは年俸500万円の事務長を雇用しても、費用対効果が見合わないケースもあります。

事務長は医療事務より給料が高い傾向にあり、看護師より高額になることもあります。事務長となる人の前職は、製薬会社、病院の医事課、医療関係でない職種などさまざまですが、前職の経験があまり役に立たないこともあります。雇用する場合は、医療事務としての勤務経験があるほうが望ましく、経験がないと医療事務へ業務内容の指示は難しくなります。信頼できる親、兄弟、親戚などに事務長を依頼するのも選択肢の1つです。

事務長を雇うべきかどうかの判断基準が明確にあるわけではありませんが、医療事務を行わない事務長を雇用する場合は、分院展開をしているクリニックや3診体制以上あるクリニックが目安といえます。

事務長は、可能であれば、医療事務のなかから適性のあるスタッフを内製するべきだと私は考えています。内製することができれば、事務長となるスタッフの人柄、能力はわかっていますし、人間関係も現在の延長になります。当院でも長年勤務している医療事務の一人に事務長のような役割をしてもらっています。

## 相談できる税理士や社会保険労務士と契約する

税理士や社会保険労務士のなかには、親身になって相談に乗ってくれたり、知恵を授けてくれる頼りになる先生がいます。一方、どちらの味方かわからないような杓子定規の先生もいます。

開業医と同じで人柄が大事です。法律的な知識だけでなく、顧客である開業医のメンタルケアにまで気を配ってくれるような先生が理想的だといえます。ストレスで診療に差し障ってしまったら患者さんのためにもなりません。頼りになる先生であれば、多少顧問料が高くなっても、1~2万円くらいは多く支払う価値があります。顧問料の相場は、クリニックの規模、訪問頻度、業務をどこまで行ってもらうかにより異なりますが、税理士の顧問契約（記帳代行含む）の場合は3~5万円前後で、別途、申告代行の費用が10~20万円前後かかります。社会保険労務士の顧問契約の場合は、数万円前後かかります。

個人で独立していて1人でやっている先生であれば、その先生からアドバイスを受け続けることができます。大規模な税理士事務所や社会保険労務士事務所であれば、顧問先から多くの事例が集まるため、問題を解決に導きやすいというメリットがあります。頻繁にあることではないかもしれませんが、もし気が合わない先生が担当になってしまったら、変更してもらうこともできるでしょう。

## スタッフに弁護士を雇わせない

労務トラブルに関して少し疑問に思ってネットで検索すると、多くの情報が出てきます。無料でメール相談を行っている弁護士事務所もあり、すぐに相談できます。

法科大学院ができたことにより弁護士が増えすぎてしまい、年収300万円台の弁護士が珍しくなくなりました。弁護士の知人からは、以前なら扱わないような少額な案件や依頼人のためにならない案件も扱うようになったと聞きます。

スタッフや元スタッフが弁護士に相談するとやっかいです。労働基準監督署の「あっせん」などで、金銭解決すれば50万円くらいで済む案件でも、「200万円くらい取れるかもしれません」とスタッフをそそのかして、案件を受注するケースもあります。私が相談を受けたクリニックでは、スタッフが弁護士を通じて200万円の請求をして、20万円しか取れなかった事例もありました。

仮に、スタッフが解決金として50万円を貰えたとしても、スタッフ側の弁護士費用が30万円かかり、スタッフの手元には20万円しか残りません。クリニックの支払額は解決金50万円とクリニック側の弁護士費用30万円の合計80万円です。結果的に、スタッフは弁護士を雇わないで最初から30万円貰っておいたほうが得です。

「弁護士を雇ってギャフンといわせたい」というスタッフの気持ちはわからないでもありませんが、クリニックとしてはスタッフが弁護士を雇った時点で負けです。スタッフはトラブルがあるのであれば、まずクリニックと電話などで相談したほうがお互いのためだといえます。

スタッフに弁護士を雇わせないための一番の予防策は、当たり前かもしれませんが、クリニックがきちんと法令遵守することとです。また、スタッフから退職の意思表示があったときに面談をして、不満がないかどうかを確認しておくことが大切です。不満があるようなら、同僚のスタッフに依頼して、さりげなく法律事務所に相談する動きがないかどうかを確認してもらい、そのような動きがわかれば、退職する前に費用を支払っておくことも選択肢の1つです。

## 毎月の特別手当で緊張感を維持する

いくら仕事ができて価値観が合うスタッフでも信頼しきっていると、やがては仕事をさぼったり、やる気をなくしたりします。常にお互いに緊張感がないといけません。

現在、当院では1年ごとに定期昇給がありますが、それ以外に私自身が働きを評価して、毎月の給与に特別手当を上乗せすることがあります。

金額が毎回上下するのはお互い心理的によくないので、だいたい同じ額を上乗せしていますが、スタッフが少なかったり患者さんの数が多く負担が大きい月には、臨時で少し多く上乗せしています。

万が一、働きが悪くなったときやトラブルが続出したときは、上乗せ分はなくすことになります。スタッフには常に評価されているという緊張感が生まれます。決して、高額な給与を口頭や書面で約束してはいけません。

## 03

# 急に辞めるスタッフとなかなか辞めないスタッフ

### 明日から来なくなる人の気持ちはよくわかる

スタッフの急な退職があると、人員不足となり、患者さんを待たせてしまったり、他のスタッフの負担が重くなってしまったり、診療体制が崩れてしまいがちです。

クリニックで仕事をするのが嫌になってしまい、本当はすぐにでも辞めたいのに、契約を守って契約期間まで勤め続けるスタッフもいれば、患者さんも同僚スタッフも困ることをわかっているにもかかわらず、すぐに来なくなるスタッフもいます。

多くの開業医は、すぐに辞めるスタッフに対して、「去る者は追わず」という姿勢で、追いかけることなく目をつむっています。そんなことが続いていたら、スタッフからの信用がなくなってしまうことでしょう。

私はコンビニやカラオケのバイト先をすぐ辞めたこともあるくらいですから、「朝起きて仕事に行きたくない」「仮病を使ってずる休みをしようかな」「あの人の顔を見たくない」など、仕事に行きたくない、辞めたい人の気持ちはよくわかります。

とはいえ、1人目が辞める→仕事量が増えた2人目が辞める→よりきつくなった3人目が辞めるという悪循環が起こることがあります。こうした離職ドミノ現象をどうにか食い止めないといけません。

スタッフを多めに雇っておくことも選択肢の1つです。医師1名、看護師1名、医療事務2名ほどの個人クリニックであれば、スタッフを多めに雇用しておくことは厳しいかもしれませんが、スタッフに辞めそうな雰囲気があれば、多めに雇っておくべきです。

辞めそうかどうか、信頼できるスタッフから聞いておくこともテクニックの1つです。信頼関係のあるスタッフに、「辞めそうな人はいませんか?」と聞くと、案外教えてくれることがあります。辞めそうなスタッフが有能な人材であれば、面談して引き留めることもあります。

多めにスタッフを雇っておけば、募集開始から採用までの時間に余裕が生まれ、面接の基準を高くして、クリニックに合ったスタッフを選びやすくなります。逆に、時間がなければ、面接の基準を低くせざるをえなくなり、微妙なスタッフでも妥協して雇用しなくてはいけなくなります。

## 急に辞められないようにするための予防策

### ①給与を手渡しにする

通常、振り込みにしている給与は、状況によって手渡しにすることを雇用契約書や就業規則に記載し、周知しておきます。スタッフは退職が決まってから給与が手渡しになることがあると知っていれば、退職する際にトラブルを避けるようになります。

## ②雇用契約書に退職の申出の期限を明記する

退職する際は、2~3か月前に予告が必要なことを雇用契約書に明記しておきましょう（図表25）。スタッフが事前に相談してクリニックの状況をみて退職してくれることは、ほぼありません。通常、できるだけ早く辞めたがります。

逆に、半年以上前から事前に相談してくれるスタッフには、クリニックのことを考えてくれているわけですから、感謝の気持ちを伝えましょう。

また、雇用契約書だけでなく、面接時に口頭で伝えておきます。退職の申出をしてからすぐに辞めるつもりの人は、面接後、辞退してくれる効果があります。

もちろん、早く辞めて欲しいスタッフの退職の申出には、「今は人手があるので契約書通りでなく、早期に退職して構いません」などと伝えます。

退職の申出があって、「契約書通り2か月後に退職してください」と伝えても、「2週間前に伝えればよいという法律を知らないんですか?」と2週間後に退職しようとする人もいます。たとえ、2週間後に辞めたとしても、次の日から来なくなったとしても、給料は支払わなければいけません。

すぐに辞めたからといって給料を支払わず、元スタッフが労働基準監督署に相談をすると、労働基準監督署から連絡があり、「支払ってください」といわれます。それでも支払わなければ、是正勧告書を渡されます。極めてまれではありますが、悪質で同じようなことを繰り返す場合は、経営者が逮捕されることもあるようです。

## 図表25 雇用契約書（看護師）

労働条件通知書（兼雇用契約書）

| | | | | |
|---|---|---|---|---|
| 労働者 | ふりがな | | 性別 | 生年月日 |
| | 氏　名 | | | 年　　月　　日生 |
| | 連絡先 | | | （　　）歳 |
| | 現住所 | | | |

| |
|---|
| 労働条件は下記のとおりとします |

| | |
|---|---|
| 雇用期間＊1 | 平成　年　　月　　日　～　　期間の定めなし |
| 就業場所 | 東京都新宿区西新宿1-11-11 河野ビル3F<br>新宿駅前クリニック及び医院が指定する場所 |
| 業務内容 | 看護師業務及び医院経営に付随する業務（院内清掃を含む） |
| 就業時間＊2 | 10 時 00 分　～　19 時 30 分 |
| 休憩時間 | 14 時 00 分　～　15 時 30 分 |
| 休　日・休　暇 | （休日）土曜・日曜・祝日　（休暇）年次有給休暇 |
| 賃　　金 | 基本給　　月給 [redacted]円　精皆勤手当 [redacted]円<br>時間外労働賃金　時給 [redacted]円　　通勤手当　実費 |
| 賃金の支払方法 | 毎月末日締め、翌月10日　銀行振込 |
| 賞　与 | 支給することが有ります<br>支給条件　入職日より1年経過後及び賞与支給日に在籍していること |
| 退　　職 | 自己都合による退職通知時期は退職日の2ヶ月前に通知してください<br>定年 60歳 継続雇用制度有　解雇事由は就業規則に定めるところによる。 |
| その他 | ＊1 試用期間　入職日より3ヶ月間　平成　　年　　月　　日迄　時給 [redacted]円 |
| | 試用期間の延長有り ※欠勤の場合は欠勤日数分を延長 |
| | ＊2 時間外労働有り　時間外労働は1日8時間を超える勤務とします。 |
| | 加入する社会保険　健康保険・厚生年金保険・労災保険・雇用保険 |
| | 本契約書に定めのない事項は、就業規則の定めるところによる。 |

年　　月　　日

雇用者　医療法人社団SEC 新宿駅前クリニック
理事長　蓮池 林太郎　　印

上記承諾いたします

労働者　　印

## 急に辞められてしまったときの対策

### ①相場よりも給料を高くして募集する

スタッフがすぐに辞めてしまって困っている場合、すぐに人を雇用するのに最も有効なのは、高い給与で募集をかけることです。その際は、他のスタッフの給与も上げる必要があります。当たり前ですが、相場より安いと応募が少なくなります。

### ②入職祝い金を設定する

相場よりも高い給与を払うのに抵抗があるなら、入職祝い金を設定して、一時的に募集を増やすことができます。半年勤めたら、5万円支給するなどの方法があります。

### ③人材紹介会社に依頼する

人材紹介会社に依頼した場合、採用したスタッフの想定年収の20％ほどを支払う必要があります。紹介会社によって規定は異なりますが、1か月以内に退職すると80％、3か月以内に退職すると50％ほどの返金があります。看護師の人材紹介会社は多数ありますが、医療事務の人材紹介会社はあまりありません。

### ④その他

他にも辞めようとするスタッフを引き止める対策はありますが、本には書けません。

## なかなか辞めてくれないスタッフへの対応

労働法があるため、期間の定めのない正社員として雇用したスタッフをクリニックから解雇することはまずできません。実は、開業医にとって「急に辞められる」よりも、「なかなか辞めてくれない」ほうが悩みは深いのです。正社員より多少割高になってしまったとしても、解雇や契約終了をしやすい契約社員やパートのみで運営しているクリニックもあります。

まず前提として、転職市場に出てくる求職者は、能力の低い人、やる気のない人、性格に問題がある人などが少なくありません。医療事務の年俸３００万円という水準は、女性の労働市場のなかでは低いほうです。看護師もクリニックの場合、当直のある病院よりは年俸が低水準です。

そもそもスタッフの働きに期待しすぎている開業医が多いような気もします。「一生懸命働くのが当たり前」というのは、開業医の常識ではあるかもしれませんが、「できるだけ働かないで楽してお金がもらえるのが医療事務や看護師の常識です」とまではいわないまでも、そのような条件で職場を探している人は少なくありません。

だいたい世の中の稼ぎの偏差値でいえば、繁盛している開業医は上位１％に位置する偏差値70以上です。年俸３００万円であれば、稼ぎの偏差値は45以下なわけですから、自分の基準で考えてはいけません。

## パワハラや裁判沙汰に注意する

ちゃんと働かないで楽をしてお金がもらえるという価値観を持った不良スタッフが許せないのか、病院勤務時代の研修医への指導癖で強い口調で指導してしまう開業医がいます。しかし、それは危険なことです。パワハラで訴えられたり、スタッフが会話を録音する、「精神的な苦痛で働けなくなった。慰謝料を払わないと訴える」などと、弁護士を通して脅されることもあります。

私は、不良スタッフに高すぎる給与を支払うのは大きな問題だと考えています。不良スタッフは、他の職場に移ってもそこまで稼ぐことができません。そのため、仕事がきつくてもなかなか辞めてくれません。やる気がなくても、院長との関係が悪くてもしがみつくことになります。

最悪、大喧嘩をして院長が退職を迫ったり、解雇してしまい、不当解雇で裁判になるか、ならないまでも数百万円の解決金を支払うはめになります。そうした医療機関の話をよく耳にしてきました。不良スタッフに落ち度があって解雇したのに500万円以上を支払ったケースなどもあります。

突然、仕事を何日か欠勤しても、勤務時間中にスマホゲームをしていても、院長の悪口をいっていても、すぐに解雇することはできません。退職勧奨をする際は、必ず法律の専門家である弁護士や社会保険労務士の指導のもとに行ってください。

改善すべき点を口頭や文章で指導する方法があります。私は渡したことはないのですが、「退職の決意をよくぞしてくれた」ということで手切れ金を支払うと、トラブルになる確率が下がるそうです。なかには、退職後のトラブルを避けるために、トラブルがなくても数万円を渡している開業医もいます。

04

# トラブルメーカーとなるスタッフの特徴

## 他のスタッフとトラブルを起こすスタッフ

不良スタッフには、能力のないタイプ、急に辞めてしまうタイプなどがありますが、最も困るのは、他のスタッフとトラブルになるタイプです。

**・能力のないタイプ＝マイナス０・５（半人分の働きのため）**
**・急に辞めてしまうタイプ＝マイナス１（１人分の働きがなくなるため）**
**・他のスタッフとトラブルになるタイプ＝マイナス３（他のスタッフ２人も辞めるため）**

詳しくはＳＴＥＰ ４で紹介しますが、トラブルメーカーが1人いると、他のまともなスタッフが退職していきます。さらには、新しく入ってきたスタッフも定着しにくくなります。

在職期間が長く、仕事ができてリーダー的な存在であるスタッフがトラブルメーカーであると、なおさら悲劇です。お局となって自分と気が合わない人を攻撃して、どんどん辞めさせてしまうことがあるからです。なんとしてもその状況は避けなければいけません。

クリニックにとって最も大切なのは、優秀なスタッフを守ることです。不良スタッフとのトラブルがもとで、優秀なスタッフが辞めてしまうことだけは、避けなければいけません。

優秀なスタッフも人間ですから、院長が味方になって不良スタッフを排除しようと努力していることがわかれば、「院長のために、もう少し頑張ってあげようかな」と退職を踏みとどまるものです。

## 転職を繰り返している人は要注意

看護師や医療事務で転職を繰り返している人は、退職しやすい傾向にあるため要注意です。なかには、転職にまったく抵抗がないという人もいます。

同様に、仕事をしていない空白期間がある人も要注意です。就職活動をしていたのであればよいのですが、試用期間途中で退職していたり、職歴を隠している可能性があります。履歴書を見て空白期間がないかチェックしましょう。

誤解を恐れずにいうと、現在の日本では、仕事を探していても仕事がない看護師、医療事務はほぼいません。「親の介護のため」「実家に帰っていた」という説明も嘘であることがあります。悪気はないのかもしれませんが、面接のための方便でしょう。「残業が多い」「給与が安いから退職した」というのも、事前に募集要項や面接でわかることですし、自分の判断力の問題です。

職場を辞める理由の大部分は、「人間関係」の問題です。おかしなスタッフが嫌になって辞めたのか、その人がおかしなスタッフだったのかを慎重に見極めないといけません。くれぐれもおかしなスタッフを採用してはいけません。

## 攻撃性が強いスタッフはトラブルメーカーになりやすい

人間関係でトラブルを抱えるスタッフは、メンタルが弱くて攻撃されるとすぐ辞める、勤労意欲が低く休みがちですぐ辞めるなどさまざまですが、最も危険なのは攻撃性が強いタイプです。他のスタッフを攻撃して辞めさせてしまうことがあります。積極的で仕事ができて、頼りになりそうに見えるのが厄介なところです。

組織において他のスタッフと合わせることができない、我慢できず他人を攻撃してしまうといった性格は遺伝子が関係しており、環境を変えたり、教育しても根本から直すのはなかなか難しいでしょう。トラブルになる確率が高いので、当院では雇用しないように気をつけています。

ここまで紹介した特徴は、あくまで不良スタッフになる確率が高いだけで、特徴に当てはまるからといって必ずしも不良スタッフになるとはいいきれませんが、他にも副業をしていたり、持病があるスタッフには注意が必要です。

副業している人は、医療のことがあまり好きではないため、少し嫌なことがあると、すぐに辞めてしまうことがあります。特に、医師や看護師などは資格があり、給与が高いからやっているだけで、本当はやりたくないという場合もよくあります。

また、当たり前かもしれませんが、精神疾患など持病がある人は辞めやすい傾向にあります。

STEP 4

# 失敗事例に学ぶ
# 労務トラブル解決法

01

# 数々のトラブルから得た教訓

## さまざまな労務トラブルを経験して

私は10年以上クリニックを経営していますが、労務トラブルについては私の不徳のいたすところもあり、本当にいろいろなことがありました。コンサルティング先のクリニックでも同じようなトラブルが起こっています。

とても恥ずかしい内容が含まれていますので、事例を公開するかどうかは悩みましたが、労務トラブルで悩んでいる開業医の先生も多く、医療界全体のためにもなると信じて公開することにしました。

今までクリニックで起こった医療事務、看護師、医師とのトラブルについての事例を挙げながら、どのような教訓を得たかについて紹介します。トラブルとなったスタッフのプライバシーに配慮しているため、匿名かつ細かい点は変えており、あくまでフィクションとなることをご了承ください。

## 悩んでいるのはあなただけじゃない！

私自身、繊細な性格なこともあり、人一倍悩んでしまいがちなのかもしれませんが、さまざまな種類の労務トラブルを経験してみて、メンタルが強くなりました。鈍感力がついたと表現することもできます。

世の中には社会常識や契約が通用しない人がいます。契約を破ったとしても損害賠償を請求できないケースも少なくありません。労働者は労働法によって守られています。個人クリニックを開業しているだけでも労働問題は起こりますが、自院の拡張や分院展開したら、もっと多くのトラブルが起こります。

もし、何か労務トラブルで悩んだときは私の話を思い出してください。世の中の多くの開業医は、口に出してはいわないかもしれませんが、トラブルの悩みを抱えています。決してあなただけではありません。

02

# 医療事務とのトラブル事例

## ケース1　面接で申告していた能力と実際が違いすぎる

当院では、即戦力となる医療事務経験者のみを雇用しています。未経験者や経験が少ない人は基本的に雇用しません。

医療事務のAさんは、面接では「レセプトまでできる」と話していたのに、実際は全然できず、足手まといまではいきませんが、他の医療事務が付きっきりで指導しないといけない状況でした。

結局、試用期間内で退職してくれましたが、面接と実際が違いすぎることはよくあります。多少面倒でも、トライアル勤務で能力を確かめて雇用することをおすすめします。

## ケース2　雇用した事務長が周囲から孤立

知人から「事務長を雇うといいよ！」と親切なアドバイスをもらい、他のクリニックでマネジメント経験があるBさんを、医療事務8人をまとめる事務長として雇用しました。

ところが、Bさんは、人格的に問題がある人ではありませんでしたが、もともといた医療事務への指導がうまくいかず、孤立してしまいます。そのため、私と医療事務との橋渡し役として機能せず、採用前と同じように私と医療事務が直接やりとりしていました。

結局、Bさんは事務長としてやりにくかったのか、しばらくして辞めてしまいました。事務長が横領する、機能しない、院長と対立するなど、トラブルを起こす話はよく聞きますが、事務長を雇えばすべてうまくいくというわけではないことがよくわかりました。

## ケース3 接遇の専門家として元CAを雇用するも

受付スタッフ（医療事務）の接遇に対するクレームが多い時期があり、航空会社の関連企業から、週3日の非常勤で接遇を指導してくれる専門家として元CA（客室乗務員）のCさんを派遣してもらいました。

私は特にCAが好きなわけではありませんが、受付で「こんにちは！」と爽やかな対応をされれば、「このクリニックはいいなあ」と患者さんが感心してくれるかもしれないと、バラ色の接遇を夢見ていたのかもしれません。

たしかに、医療事務の言葉遣いは丁寧になりました。しかし、中身までは指導が徹底されているわけではないので、心が籠もっていないようにも思えました。

私の指導力不足なのかもしれませんが、医療事務からCさんへのクレームというか文句が多くなり、数か月で契約終了とさせていただきました。

外部から人を入れる場合は、お互いのために立ち位置を明確にするとよいでしょう。Cさんに来てもらったことにより、意識改革にはなったかもしれません。言葉遣いは若干よくなったような気がします。

## ケース4　試用期間終了後に勤務態度が豹変

試用期間中は、猫を被っておとなしくしていて、試用期間がすぎると急に勤務態度がおかしくなるスタッフがいます。

受付（医療事務）として雇用したDさんは、試用期間中は普通でしたが、試用期間が終了してからは明らかに患者さんへの対応がいい加減になり、勤務態度が悪くなりました。指導はするものの、試用期間後ということで、「どうせ辞めさせられないだろう」と高を括っていました。

「こんな人だったら本採用しなかったのに……」と嘆くも後の祭り。Dさんは口頭や書面で注意しても改善せず、かなりのトラブルメーカーでした。

## ケース5　70万円を横領して現行犯で検挙

横領事件が発生したこともあります。電子カルテ上の自費の薬や検査を売上から除外（0円にする）して、売り上げが合うように会計を合わせるという方法でした。帳簿の金額は合うので、税理士も気づきませんでした。

なぜ、薬代が0円になっているのかを不思議に思い、ベテランの医療事務が気づきました。毎回、横領していた医療事務のEさんが遅番のときにだけ、この問題が起こるため、Eさんが遅番のときに現行犯で検挙したのです。

自由診療は保険請求しないため、横領しやすいようです。録画できる防犯カメラを導入しておくと抑止力になるかもしれません。

このケースには後日談があり、Eさんの母親から、「示談をして欲しい」との電話がありました。Eさんは日頃から「こんな安月給のクリニックではやっていられない」など問題発言があったこともあり、示談に応じることはできないことを冷静にお伝えしたところ、「先生はうちの娘を牢屋に入れたいんですか！」と激高しました。私は丁寧に「裁判所が決めることです」と返答しましたが、世の中にはいろいろな人がいるものです。

## ケース6　希望の日に休みが取れずその場で退職

それは夏の暑い日、診察時間中の午前11時くらいのことでした。

入職してから1か月ほど経った医療事務のFさんから、「夏休みを取りたいので、5日間ほど休ませて欲しい」と相談がありました。その日は別の医療事務が休むことが決まっており、休んでしまうと患者さんに迷惑をかけてしまいます。「できれば休まないで欲しい」とお願いしても、絶対に休みを取るとの一点張りでした。

話し合いは平行線のままで、へそを曲げてしまったのか、Ｆさんは「気分が悪くなったので帰ります。もう来ません。辞めます」と宣言して、他のスタッフに「お世話になりました」といって荷物をまとめて帰ってしまいました。その後、Ｆさんがクリニックに来ることは二度とありませんでした。

私が学んだこととしては、辞める人間はその場で退職することもあるので、クリニックのルールを逸脱した休暇の要求も飲まなくてはいけないということでした。ルールを説明し説得しても、それでも休む人は放置しておくしかありません。

03

# 看護師とのトラブル事例

ケース1

## 入職者をすぐに退職へ追い込むお局様

入職した看護師がすぐに辞めてしまう。どうやらお局化した看護師のAさんが入職したばかりの看護師に嫌がらせをして、退職に追い込んでいたようです。Aさんを注意しても、嫌がらせを止めてくれませんし、辞めてもくれませんでした。

入職から1週間ほどで来なくなってしまった看護師もいました。後日、Aさんのパワハラを告発した内容の手紙をもらいました。スタッフによる他のスタッフへのパワハラや嫌がらせは、労働問題にかかわる重大事項です。少しくらいのパワハラでは問題のあるスタッフを解雇することはできないので、注意が必要です。

その後、Aさんには1人で勤務してもらいましたが、なかなか次の看護師が定着せず、結局、10人目くらいでメンタルの強い看護師を採用することができました。長い間、求人サイトに掲載していた求人広告費だけで、30万円以上余計にかかりました。

## ケース2　3人いた看護師、そして誰もいなくなった

患者さんからも医師からも評判が悪く、同僚看護師ともうまくやっていけない看護師のBさんが入職して、評判がよい看護師2人と険悪な状態になってしまいました。Bさんに指導しても辞めてもらえず、結局、評判のよい看護師2人が辞めてしまいました。

そこから地獄が始まりました。同僚となる看護師とうまくやっていけないため、後任の看護師がなかなか決まらないのです。新しい看護師が入職しても辞めてしまうことが続き、ついにBさんのほうから「忙しくて疲れたから月末（10日後）で辞める」と申出がありました。雇用契約書を見せて、2か月前に退職の申出を行うことを説得しても応じてもらえず、10日後には来なくなりました。

私は、「自分のせいで忙しくなったくせに、辞めたら看護師が誰もいなくなって、患者さんに大きな迷惑がかかるじゃないか」と心のなかで叫びましたが、後の祭り。医師が採血や点滴を行う日々が続きました。仕方がないので、看護師紹介会社に高額な紹介料を2人分計180万円ほど支払い、どうにか看護師を確保しましたが、その2人も半年くらいで辞めてしまったという痛いオチもあります。

駄目な看護師1人のせいで、評判のよい看護師2人と180万円を失った挙げ句、患者さんを診察している医師にも迷惑をかけてしまい、本当に困りました。

## ケース3　労働基準監督署に立ち入り検査をさせると恫喝

当院は退職する際には2か月前に申し出ることになっていますが、看護師のCさんは月末の2週間後に辞めたいとのことでした。「契約通り、2か月後の退職をお願いします」と伝えても、了承してくれません。

Cさんは、「2週間後に辞めさせてくれないなら、労働基準監督署の立ち入り検査を要求することもできますよ！」という恫喝めいたことをいってきました。あとから聞いた話では、そういうフレーズをいうと経営者はひるむらしいとネットに書いてあったそうです。

結局、Cさんは説得により2か月後に辞めることになりましたが、「労働基準監督署」「弁護士」などのキーワードを出してきても、ひるんではいけないということです。労働基準監督署の立ち入り検査があっても大丈夫なように法令順守を徹底することが大切です。

## ケース4　給料の増額の要求を通すためにセクハラをねつ造

看護師のDさんから、「給料を上げないならすぐに辞める」と恫喝めいたことをいわれ、断ったところ、「院長にセクハラされた」と騒ぎ出しました。

私は以前、Dさんに「精神科医が活躍する診療所にいるお色気なナースに似ているね！　同じピンク色の白衣だし（私が好きなテレビアニメ『空中ブランコ』にピンク色の白衣を着たナースが登場します）」

といったことがありましたが、その発言をセクハラだといい出したのです。

さすがに、その場にいた女性の医療事務は、「セクハラではないでしょう」と突っ込んでいました。どうしても給料を上げて欲しかったのでしょうが、でっちあげはいけません。

当時はまだ、私が若かったから、なめられていたのかもしれませんが、何をいわれても不当な圧力に屈してはいけません。冷静に判断しましょう。

## ケース5　自分から辞めるといったのに労基署に駆け込む

看護師のEさんから、「辞めます。次の職場が決まったら、退職する日を伝えます」と、口頭で退職の申出がありました。働きも悪かったため慰留せず、「了解しました」と口頭で了承し、日付が決まってないので書面は取り交わしていませんでした。

早速、看護師の募集を開始しましたが、1週間後、Eさんから「やっぱり残りたい」との申出がありました。当然断り、「退職届を出してください」とお伝えして、退職届のひな形をこちらで作成し、印鑑を押してもらいました。

円満に退職したとは思いませんでしたが、問題のある看護師だったので安堵していたら、労働基準監督署の関連機関である「あっせん」から申し立てがあり、看護師本人が「給料2か月分の60万円を要求している」とのことでした。

結局、労働基準監督署の担当者に事情を話して、退職は口頭で成立していたことを説明し、説得してもらったことで、金銭を支払うことなく解決できました。

「あっせん」は素晴らしいシステムで弁護士を代理人に選任するのとは異なり、無料で紛争を解決してくれます。揉めてしまったら、弁護士ではなく「あっせん」に駆け込んでもらいましょう。また、退職届はすぐに提出してもらうようにするべきです。

## ケース6　職場でネットワークビジネスの勧誘

ある看護師から同僚看護師のFさんがネットワークビジネスの勧誘をしていて、迷惑だとの報告がありました。どうやら病院勤務時代の先輩看護師にすすめられてハマってしまっていたようです。

「職場でそのような勧誘はしないでください」と注意をしたら止めましたが、就業時間中はネットワークビジネスだけでなく宗教の勧誘も禁止にするべきでしょう。

## ケース7　診断書を書いた精神科医とトラブルに

入職から2か月ほど経った看護師のGさんがうつ病の診断書を持ってきました。どうやら、当日付で退職したいとのことでした。Gさんは精神科を二度受診して、「簡単な問診ですぐに診断書を書いてくれた」と驚いていました。

不審に思った私は本人の許可を得て、その精神科の担当医に電話して、「どのような点が問題なのでしょうか？　当院としての改善点などはありませんでしょうか？」と尋ねました。すると、担当医は激高して、「この場では答えない。書面で回答する！」「もう一度いう。書面で回答する‼」の一点張りでした。

上司として、スタッフの体調や今後の業務負担に関する課題を把握するために、尋ねただけなのに、「やはり、何かやましいことがあるのだな」と、ピンときました。結局、何も把握していなかったのでしょう。

その後、精神科医の要望通り書面で質問をしましたが、書面による回答はありませんでした。

精神科医の友人いわく、精神科の先生から診断書をもらってくれれば、円満にすぐに退職できると考える退職希望者がいるようです。そして、精神科医もあまり深く考えずに診断書を書くことがあるそうです。

## ケース8　医師と不倫して奥さんから訴えられる

女性看護師のFさんが、誰も気づかぬうちに男性医師と不倫をしていました。最初のうち、Fさんは「不倫がバレてしまったら、私がクリニックを辞める」と、男性医師にいっていたようです。

ところが、Fさんは男性医師の奥さんにバレてもクリニックを辞めることなく、ついに奥さんから訴えられて裁判になってしまいました。もしかしたら、Fさんは意地になっていたのかもしれませんが、辞めていれば裁判にまではならなかったでしょう。

結局、Fさんは100万円くらい支払ったそうです。不倫したくらいでは、懲戒解雇できないので、巻き込まれたクリニックとしては悲劇です。

# 04

# 医師とのトラブル事例

## ケース1

## 優秀な医療事務を引き抜いて開業

医師のAさんが、優秀な医療事務を引き抜いて開業しました。優秀ではない医療事務には声をかけないという周到さでした。当院より好条件で雇用すると誘ったようです。それだけでなく、患者さんに対しても自分が開業することを伝えて、自分の新しいクリニックを案内する始末。私が「案内は止めてください」と伝えても、Aさんは「案内はしていない」ととぼけていました。

当院からは電車で30分くらいの距離がある場所で開業する予定とのことだったので、開業支援のため、ノウハウもいろいろ教えたのに、本当に残念な気持ちになりました。

勤務している医師がスタッフを引き抜くだけでなく、近隣で開業するなど、社会常識から逸脱した恩を仇で返す行動をとることがあります。医師に限らずですが、スタッフを一方的に信用しすぎてはいけません。「半径5キロメートル以内では開業しない」「スタッフを引き抜かない」「開業する新しいクリニックを患者さんに案内しない」といったことは、雇用契約書や就業規則に記載するべきです。分院展開しているクリニックなどでは、致命傷になりかねません。

一緒に働いてくれた同僚が開業するなら、気持ちよく送り出してあげたいものです。

## ケース2 退職した医師が競合クリニックの雇われ院長に

医師のBさんは、いわゆる円満退職でしたが、次の職場については、遠方であるとの理由で教えてくれませんでした。関係も良好で、「立つ鳥跡を濁さず的な流儀でもあるのかな?」くらいにしか思っていませんでした。

しかし、半年後、近くで開業したクリニックのホームページを見ると、驚いたことに、院長としてBさんの名前が書いてありました。

次の職場について言葉を濁していたのは、近隣で開業するクリニックの雇われ院長になってしまい、申し訳ないという良心の呵責があったのかもしれません。

## ケース3 精神病疑いで毎日患者さんからクレームの嵐

医師紹介会社からご紹介いただいたCさんは、面接のときは緊張していたせいか、「寡黙な先生だなあ」と感じました。雇われ院長として5年以上の経験があり、診察に問題はないだろうと思い込んでいました。

まさか精神病の疑いがある先生だとは思わなかったのです。後日、友人の精神科医に相談したら、統合失調症かもしれないとのことでした。医師紹介会社も気づいてなかったようです。

Cさんは洗い場で手を洗いながら独り言をいっていて、日に日に症状が悪化していく様子で、休憩時間は耳栓をしていました。医療ミスはないものの、患者さんへの態度や言葉遣いが非常に悪く、1日5件くらいのクレームがありました。

精神科の受診を勧めましたが、本人に病識はないようで、退職を強引に進めると不当解雇になる可能性があり、すぐに辞めてもらうわけにはいきませんでした。

診察に看護師を同席させて、どうにかトラブルが大きくならないようにしました。長年、雇われ院長をしていた医師であっても、トライアル勤務をしてもらうべきことを学びました。

## ケース4　他の医師にクリニックの文句ばかりをいう

Dさんは、他の医師に、「（時給1万円で）給与が安い」「（患者さんが1日平均70人くらいで）こんなにこき使われて……」などの文句ばかりをいい、終いには他の常勤医師に「先生はいつ辞めるのですか？」と退職を煽動していました。Dさんは退職する前、3か月で10日は休む始末で、他の医師も呆れていました。

自分のやる気のなさによって診療に穴を開けるだけでなく、他の医師に悪影響を及ぼすのだけは止めてもらいたいものです。

医師同士の横の交流はよいことばかりではないと学びました。定期的にコミュニケーションを図り、そういう動きがあれば早めに察知して、他の医師に悪影響を与えないように予防しないといけません。

## ケース5　抗不安薬とお酒を一緒に飲んで？　休診日に電話がくる恐怖

もともと持病があったようで抗不安薬を飲んでいた医師のEさん。休みの日に開放感のせいか、抗不安薬とお酒を飲んで脱抑制状態になって、電話をかけてきました。

「院長！　給料もっと上げろよ」「他の医師にひいきしているんじゃねぇよ！」

その他にも電話越しに酷い言いがかりをつけてきました。酔って暴言を吐くというよりは、麻酔後のせん妄状態のようでした。

Eさんは、診療日はちゃんとしています。「抗不安薬とお酒を一緒に飲んでおかしな電話をかけてきたら、解雇していい」という法律はないので、お願いだから、「俺の平穏な休日を乱さないでくれ」と祈るばかりでした。

ちなみに、診療日に「先生、お電話のことを覚えていますか？」と聞いてみたら、「ちゃんと覚えています」とかなりバツが悪い感じでした。

STEP 5

# 理念経営は導入すべきか

# 01

# 理念経営とは何か

## なぜ、理念経営が注目されるようになったのか？

理念経営とは、企業理念を中心とした経営を行う方法です。会社（組織）が目指す目的と大切にする価値観＝企業理念を明らかにして、スタッフ全員で共有・浸透して、その実現を追求していきます。

クリニックに当てはめると、まずは、医師、看護師、医療事務など個人が集まった組織であるクリニックが大切にする理念や価値観を明確にします。それを具体的な文章にして、スタッフを募集することにより、理念や価値観に共感した人だけを採用して、クリニックの目的を実現していくことになります。クリニックのリーダーである院長の理念、方向性、目標によって目指すクリニック像は変わってきます。

当院では、「働く忙しい患者さまに選ばれるクリニック」であり続けるために、常にクリニックの経営・運営について研究し、患者さんや社会にとって役立つクリニックを目指しています。

現在は、理念、ビジョン、価値観を明確に掲げているわけではありませんが、ホームページ上でクリニックを詳しく紹介するだけでなく、求人ページには医師、看護師、医療事務に分けて、求めるスタッフ像を明確にし、給与や待遇面についても包み隠さず情報公開しています。情報公開することにより、「入職したら、思っていたクリニックと違った」などのミスマッチを防ぎ、求めるスタッフ像に近い方から応募していただけるように工夫しています。

理念経営といっても、ホームページに理念が書かれているだけで、普段はあまり理念を意識することがないクリニックもありますが、休診日に研修へ出かけたり、特別な休診日を設けて3泊4日の研修合宿をしたりして、理念を浸透させているクリニックもあります。

開業医からは、理念経営を取り入れて以降、自分の考えや価値観の合ったスタッフと仕事ができるようになり、仕事が楽しくなったという声を聞きます。エネルギーを持て余している開業医は、エネルギーが内側に向かうと理念経営に、外側に向かうと自院の拡張や分院展開に注力するように見受けられます。

では、最近なぜ、理念経営が注目されるようになったのでしょうか？　私は労働法対策とインターネットの普及・発達が大きな要因であると考えています。「何でもかんでもインターネットのせいにするな」という声も聞こえてきそうですが、私なりになぜ、理念経営が注目されるようになったのかを分析してみました。

## 労働法対策としての理念経営

労働法の規定により、正社員を解雇することはほぼ不可能です。今はスマホやパソコンなどで閲覧するネット媒体が発達していて、求職者はいつでもどこでも求人に応募することができるようになりました。世の中に情報が溢れているからこそ、仕事に対する価値観も多様になってきています。

入職したもののクリニックの価値観や方向性が合わなかったら、クリニックにとっても、入職者にとっても時間とお金の無駄になってしまいます。そのため、面接でクリニックの理念と求職者の価値観が合うかどうかを確認することになりますが、1日体験やトライアル勤務を経て入職しても、一緒に働くにつれて価値観が合わないことがわかったり、価値観が変わってしまうこともあります。

入職者のなかには、簡単には解雇できないのだから、正社員として一度雇用されてしまえば、あとは適当に仕事をすれば毎月給料が貰えると考える人もいます。

理念を掲げ、スタッフを1つの方向に導くことにより、能力があり、やる気があり、目的を実現しようとする人が組織に集まります。逆に、理念に合わない人、やる気のない人、能力のない人は自分から辞めていきます。人は社会性があるため、その組織のなかで理念が合わないと組織から浮いてしまい、居心地が悪くなり、自分から組織を離れるからです。

たとえば、中学や高校でスポーツをやっている人は、「市区町村の大会で優勝を目指す」のか、それとも「全国大会で優勝を目指す」のかによって、方向性は大きく異なります。全国大会で優勝を目指しているチームに、やる気がなく能力のない人が入ってしまったら、厳しい練習についていくことができず、すぐに自分から辞めてしまうでしょう。

理念経営は、組織と合わない人が自然に辞めてくれるシステムともいえます。クリニック側が解雇を迫る必要がありません。

## スマホの普及が価値観を多様にした

インターネットが普及する前は、テレビの時代でした。テレビは、一方向に情報が伝達されるため、画一的な価値観になりがちです。テレビCM→消費→お金を稼ぐという、お金至上主義ともいえる価値観が支配していました。仕事が大変でも、価値観が合わなくても、多少のことであればお金のためにあまり疑問に思うことなく、誰もが同じ方向を向いていました。

一方、インターネット、特にスマホが普及してからは、双方向に情報が伝達されるため、多様性のある価値観となり、相対的にお金の価値観が低下しています。仕事はほどほどに、自由な時間を大切にしたいなど、自分の価値観と合った会社や組織で働くようになりました。また、スマホやパソコンから求人情報などが手軽に手に入るようになり、応募や転職が容易になりました。

理念経営は、ある理念を掲げ、その方向性に合った人同士で仕事をしていくわけですから、さまざまな価値観を持つ人々のなかから、「この指止まれ」と価値観の近い仲間を結びつけてくれます。求職者にとっては組織が理念を掲げることで、理念に合った組織を選ぶことができるようになったわけです。

たとえば、人に感謝されず社会のためにならないことをして高い給料をもらうより、人に感謝されて社会のためになるなら給料は高くなくても構わないという人が、医療業界にかかわらず増えてきています。

クリニックのスタッフも、給料が高くて理念が合わないところよりも、多少給料が安くても理念が合って居心地がよいところを選んでいるということでしょう。

## 02

# 理念経営のデメリット

### 理念経営で陥りがちな落とし穴

理念経営を導入するにあたり、陥りがちな落とし穴を挙げます。

**①求人をしても応募があまり来ない**

必然的に、掲げた理念に合う人は少ないわけですから、理念経営を導入する前より応募が少なくなります。ハードルを高くすればするほど、求人をしても応募がなくなりますので、給料や待遇をよくして応募を増やす必要があります。

**②お金がかかる**

研修会社が主催する理念経営のセミナーや研修会が数多く開催されていますが、当然ながら、そうしたセミナーや研修を受けるための、費用がかかります。経営者として費用対効果を計算する必要はあるでしょう。

### ③向上心があるだけに成長して辞めてしまう

理念に合う向上心がある人を採用したら、向上心があるだけに自分の成長に合わせて次の職場に転職をしたり、医師であれば独立開業して辞めてしまうこともあります。そのため、常に向上心を満たせる環境を与え続けなくてはいけません。

### ④理念を浸透させられないことも

セミナーや研修を受けて、すぐに理念を浸透させることができる開業医と、なかなか浸透させることができない開業医がいるのも事実です。なかなか浸透させることができないばかりか、理念経営を導入することによりスタッフが辞めてしまい、人手不足に陥ってしまうこともあります。

## 理念経営の失敗と分析

当院では、労務問題に悩んでいたときに、理念経営の導入を試みたことがあります。理念経営の本を読むだけでなく、セミナーや合宿に参加して、数百万円を投資してきました。

どういう方法で理念を掲げて、経営していくのがよいのか、頭のなかではわかっているつもりでしたが、結果的に私のクリニックでは本格的に導入することはできませんでした。

理念経営の失敗＝経営者として失格というイメージで思われるのが嫌なため、隠しておきたかったのですが、さまざまな角度からの意見があってよいと思いますので、あえて自分の感じたことを書いておきます。

結論としては、自分の運営するクリニックに導入できなかったものの、自己啓発好きの私としては、自分の人生と向き合うことができて、時間とお金を投資してよかったと感じています。

## 理念経営がうまくいかなかった3つの要因

なぜ、理念経営の導入がうまくいかなったかを振り返ってみると、大きく分けて、次に挙げる3つの要因がありました。

### ①理念を掲げても人が集まらなかった

最も大きな要因ですが、理念を掲げても人が集まりませんでした。理由としては、理念の内容が悪かったというよりは、クリニックの給与が標準的で、相場よりも高くなかったからでしょう。

クリニックの給与は、相場より高くなくても応募はそこそこあります。しかし、理念経営を導入して、たくさんのなかから面接で選ぶほど人は集まりませんでした。相場よりも高い給与にするべきだったのかもしれません。

### ②スタッフへうまく指導できなかった

私の指導力不足だったのか、本心で掲げた理念を信じきることができていなかったのか、スタッフへうまく指導することができず、既存のスタッフを休みの日にまで研修に行かせることができませんでした。休みの日は私も休みたいですし、クリニックの理念を浸透させること以外にも興味がありました。

もともと、私のなかには、「クリニックの経営はスタッフ個人ではなく私の仕事であり、スタッフには大きな自己成長を求めることなく、無理しすぎないでやるべきことをやって欲しい」という考えがあり、変わる必要がないと心の奥底では思っていたのかもしれません。

## ③今までの採用でどうにか回せてしまった

もともと、労務トラブルは多かったのですが、どうにか薄皮一枚で回せていました。理念に共感した人をじっくり選ぶよりも、すぐに人を雇うほうが効率的だと思ってしまうこともありました。

長年のトラブルの経験から、スタッフにそこまで期待していないので、辞めてしまうことに抵抗感が低いのかもしれません。

03

# 理念経営には向き不向きがある

## あなたのクリニックは「コンビニ型」か「デパート型」か

私は、スタッフの採用・教育は、診療科目により大きく変わると考えています。大きく「コンビニ型」と「デパート型」に分けられます。コンビニ型とデパート型以外にもあるかもしれませんが、わかりやすく2つのタイプに分けて説明します。たとえば、コンビニはあまり教育をせずマニュアル通りの接遇、デパートはしっかり教育をしてマニュアル以上の接遇を行います。

ビジネスモデルの観点から分析してみると、コンビニは時給1000円で教育をせず、時給換算で2000円の付加価値を提供したとします。一方、デパートは時給1500円で、500円分の教育をして、時給換算で3000円の付加価値を提供したとします。お客は接遇に満足するとリピートしてくれます。どちらかに優劣があるわけではありませんが、ビジネスモデルが異なります。

実は、私は高校生のときにファミリーマートの店員として時給750円で働いたことがあります。それでわかるのですが、コンビニの店員は誰でもできる仕事である一方、専門的な接遇が必要なデパートの店員は誰でもできる仕事ではないかもしれません。

医療に当てはめてみると、内科、皮膚科、眼科、耳鼻咽喉科などは、保険診療で保険点数が一定額に決まっており、医療事務や看護師などのスタッフが患者さんに接する時間も短いため、教育しても能力の差が売上の差になりにくい分野です。そのため、コンビニ型といえます。

一方、美容外科、美容皮膚科、外科手術などのカウンセリングは、看護師やカウンセラーを教育することにより、能力の差が売上の差になりやすい分野です。そのため、デパート型といえます。

## コンビニ型には理念経営は不要？

現在の当院は、コンビニ型になります。自分の人間性や指導力不足なのかもしれませんが、コンビニ型であったことから理念経営は合わなかったのだと分析しています。

医療事務には、コンビニ以上デパート以下、マクドナルドのような接遇を手本にするように伝えています。看護師は医療事務より患者さんと接する時間が長く、不安や苦痛を抱えた状態の患者さんと接するため、より丁寧な接遇が必要とされます。

ちなみに、病院の勤務医もデパート型です。教育することにより、高付加価値を与えることができます。ほとんどの勤務医は行っていませんが、学会や地域医療連携の懇親会などで、開業医とコミュニケーションをとると、より多くの患者さんを紹介してもらえます。

当院では、理念経営を本格的に導入できませんでしたが、理念や方向性、求める人物像はホームページに掲載しています。急に辞めたり、他のスタッフとトラブルを起こしたりするような人には、できるだけ応募していただかないような内容になっています。そういった意味では、理念経営をまったく行っていないというわけではないのかもしれません。

## 開業医自身が気持ちよく働けることが大切

当たり前のことですが、院長自らが掲げた理念に共感して集まってきた、やる気のあるスタッフと働くほうが気持ちがよいです。やる気のないスタッフと働くと気持ちがよくないので、同じくらいの費用（給与や教育代）を払うなら、理念に共感したスタッフのほうがよいでしょう。

もし、理念経営を導入しても、業績に結びつかないのなら、理念経営は開業医の趣味でしかないという考え方もあります。お金は幸せに換えられないのであれば、採算度外視で理念経営を導入して、患者さんに良質な医療サービスを提供し、気持ちよく働くというのも選択肢の1つです。

理念経営を浸透させて売上が増えたのに、教育費がより増えて、業績が悪化してしまったクリニックもあります。それでも気持ちよく働けるようになって幸せという開業医もいます。

理念経営で気をつけなくてはいけないのは、会社が強制して研修に参加させた際は、研修費用だけでなく、その時間分の給料を支払わなくてはいけないケースがあることです。院長は理念経営のリーダーとして、診療時間だけでなく、診療終了後や休みの日にも、話し合いの場を設けたり、スタッフを教育する必要があります。研修会社に丸投げしても、スタッフ全員が生まれ変わって帰ってくるわけではありません。せっかく会社のお金で研修を受けたのに、文句ばかりいっている人もいました。

## 理念経営は導入できなかったが、自分と向き合えた

理念経営を導入してうまくいっている開業医は人格者が多く、一緒にいても楽しいです。理念経営を導入して人格者になってうまくいっているのか、もともと人格者だったから理念経営を導入してうまくいっているのかはわかりませんが、もともと素晴らしい人格の持ち主が理念経営を導入して、よりうまくいっているケースが多いように感じます。人により向き不向きがあるようです。

とはいえ、向いていない人が理念経営を勉強してもまったく意味がないわけではありません。たとえば、向いていない人が理念経営を勉強して理念経営力が1→3になるとすると、向いている人が理念経営を勉強すると、理念経営力が10→30になるようなイメージです。

私の場合、振り返ると、理念経営を本格的に導入することはできませんでしたが、よい人生経験であったと思います。それは自分と向き合う機会をつくることができたからです。

私が著者として本を書いているのも、自分のやりたいことと向き合えた結果だといえます。何より、ついイラッとしても、一呼吸おいて冷静にスタッフと接することができるようになりました。

最後に、理念経営について書かれたおすすめの一冊として、『究極の「三方良し」経営』（相川佳之著、アチーブメント出版）を挙げたいと思います。著者の相川佳之氏は理念経営を実践し、ゼロから全国100院まで、日本一の美容クリニックグループを築いた方ですが、この本では同グループの成長の軌跡が紹介されています。

STEP 6

# 将来起こり得る経営危機に備える

# 01

# クリニック経営のリスクを把握する

## 攻撃力だけでなく守備力を高めよう

クリニックを運営していくにあたり、将来起こり得る危機を想定しておく必要があります。今後、日本国内は人口減少が続き、外来患者数は減り、医療費も削減されていくことが予想されます。起こり得る可能性が高いことから低いことまでありますが、クリニックにおいてどう影響するのかは考えておくべきでしょう。

経営には攻撃と守備があります。攻撃力だけでなく、守備力があったほうが安定しますし、今の段階から危機を想定して備えておいたほうがよいかもしれません。

## 新型感染症の流行による受診抑制への対応

新型コロナウイルス感染症に限らず、未知の新型感染症が流行した場合、外来受診が抑制される可能性があります。リモートワークが推奨された場合は、オフィス街に人がいなくなるため、都心の駅周辺にあるクリニックは苦戦が予想されます。

影響を受けにくくするのは容易ではありませんが、備えておくに越したことはありません。いくつかの方法を紹介します。

### ①検索連動型広告を出す

未知の感染症の流行により患者さんが少なくなったら、検索連動型広告を出すことで落ち込みをカバーします。減少分のすべてを補うことはできないにせよ、落ち込みを小さくできる可能性があります。

広告を出したことのないクリニックであれば、前々からきちんと広告が出せるかを試しておくべきでしょう。近隣にチラシを配布するのは、新規開業の際に2回までしかしてはいけないなど、地域のルールがあり、即効性がなく厳しいかもしれません。

### ②常勤ではなくパートを雇う

日頃から常勤だけでなくパートを雇うことにより、患者さんが減ったらパートには辞めてもらうなど、スタッフの数を調整しやすくします。

### ③休業の基準を決めておく

雇用が守られるかについては、スタッフも不安です。たとえば、医療事務や看護師は、患者さんがどれくらい減ったら何人休んでもらうのか、休業手当はいくら支給されるのかについて、基準を決めておくとよいでしょう。

### ④オンライン診療の準備をしておく

新型感染症が流行したときに備え、オンライン診療の準備をしておくと、一時的にでもオンライン診療を実施して患者さん離れを防ぐことができます。

## 競合クリニックの新規開院への対応

完全に競合クリニックが開院しないようにすることはできませんが、できるだけ競合クリニックが開院する確率を下げておくべきです。

医療と同じで、治療する前に予防することが大切です。繁盛していると、どうしても集患や競合対策が疎かになってしまいがちですが、戦わずして勝つ、戦いになったら負けと考え、常在戦場の精神で日頃からきちんと対応しておきましょう。

開院される確率をできるだけ下げるためには、いくつかの方法があります。

### ①ホームページの充実

新規開業を考えているクリニックは、競合となりそうなクリニックのホームページを必ずチェックします。「地域名＋診療科目名」でキーワード検索した際に、自院やその他の競合となりそうなクリニックのホームページが上位表示されておらず、病院検索サイトなどが表示されているようでしたら、競合はネット上の競争が激しくないと判断します。逆に、自院やその他の競合となりそうなクリニックのホームページばかりが上位表示されていたら、競合はネット上での競争が激しいと判断します。マップ検索や自然検索で上位表示されるかどうか、ホームページが充実しているかどうかで判断しているわけです。

競合クリニックができることがわかって、もしくはできてしまってから、今までホームページを持っていなかったからホームページを持ちたい、もしくは、持っていてもかなり前に作ったホームページをリニューアルしたいと、相談される開業医がいますが、「もっと早くにホームページを作成するか、充実させておけば、競合ができなかったかもしれないのに」と思うことがあります。

## ②検索連動型広告を出す

ネット集患に詳しい医師やクリニック開業コンサルタントであれば、「地域名＋診療科目名」でキーワード検索した際に、検索連動型広告が表示されるかどうかをチェックします。

広告がほぼ出ていないようなら、比較的安価なクリック単価で広告を出すことができます。逆にたくさんの広告が出ていれば、高いクリック単価を支払う必要があります。特に新規開業、分院展開においては、開業当初は患者さんが少ないため、検索連動型広告を出して集患することが多くなります。

## ③よい口コミを増やす

ホームページ以外にも、グーグルマイビジネスのレビューや病院検索サイトの口コミを閲覧して、評判の良し悪しをチェックします。患者さんは実際に評判がよいのか悪いのかにかかわらず、ネット上の口コミで評価しています。既存の患者さんに依頼するなどして、よい口コミを増やしておくべきでしょう。グーグルマイビジネスのレビューであれば、3点台後半以上は欲しいところです。

### ④好立地の場所に移転する

競合は自院よりも好立地に開院しようとしがちです。特にチェーンクリニックなど資金力があるクリニックであれば、土曜日午後や日曜日、平日は夜遅くまで診療するなど、時間当たりの家賃を低くします。移転するというと、広いところを借りて診察室を増やして拡大していくイメージがありますが、競争激化により患者さんの減少が予想できれば、規模縮小の移転を検討するべきです。たとえば、駅前のビル空中階で1坪1万円50坪から、駅近くのビル1階で1坪2万円30坪に移転することがあります。

### ⑤看板を出す

駅看板や野立看板を出すことにより、開業を検討している医師に自院の存在をアピールしたほうがよいと考える開業医もいます。しかし、費用対効果としてはいまいちでしょう。

### ⑥クリニックを拡張させる

一般内科であれば、循環器内科、呼吸器内科、消化器内科が専門の医師を非常勤で雇用したり、医療機器を充実させるなどして、クリニックを拡張させ、競争力を高めます。

## 医療費抑制などを目的とした制度変更への対応

オンライン診療の普及や国の財政悪化に伴う制度変更など、外部環境の変化により、クリニック経営が厳しさを増す可能性があります。開業医は将来的なリスクを把握し、万が一の場合に備えておくべきです。

### ①オンライン診療の普及

オンライン診療は対面診療と異なり検査ができないため、現状では診療単価が低く採算が合いにくい状況です。しかし、今後、条件緩和や保険点数の変更などによりオンライン診療が本格的に普及し、24時間体制でオンライン診療を専門的に行うクリニックなどへの寡占化が進んだ場合、外来患者さんは減少するかもしれません。

### ②ＯＴＣ医薬品の増加

ＯＴＣとは英語の「Over The Counter」の略語で、ＯＴＣ医薬品とは対面販売で買う薬のことを意味しています。医師が処方する「医療用医薬品」ではなく、薬局やドラッグストアなどで市販され、自分で選んで買える「要指導医薬品」と「一般用医薬品」のことです。

風邪薬や花粉症薬など、市販の医薬品と同じような効果があり代替可能な薬（市販品類似薬）については、保険適応から除外される方向で検討されています。これまでは処方せんが必要だった薬がＯＴＣ医薬品に代替されれば、症状や病気によってはクリニックを受診する必要がなくなるわけです。

風邪薬であれば、内科、小児科、耳鼻咽喉科、胃腸薬であれば、内科、消化器内科、花粉症薬であれば、耳鼻咽喉科、内科、眼科が影響を受けます。

### ③医療費の自己負担割合の増加

現在、医療機関を受診した際に患者さんが支払う医療費の自己負担割合は、70歳未満が原則3割、74歳未満が原則2割、75歳以上が原則1割となっています。もし、75歳以上の自己負担割合が1割から3割に、70歳未満の自己負担割合が3割から5割になってしまったら、かなりの受診抑制となります。

特に、75歳以上の3割負担への増加は、住宅街のクリニックに大打撃となります。

### ④リフィル処方せんの普及

通常、処方薬を受け取るためには調剤の都度、新規処方せんが必要です。リフィル処方せんとは、1つの処方せんで複数回医薬品の処方が受けられるというもので、患者さんの自宅近所にリフィル処方せんに対応してくれる調剤薬局があれば、クリニックや病院に通うことなく、複数回にわたって処方薬を受け取れるということです。

リフィル処方せんは、すでにアメリカ、フランス、イギリス、オーストラリアなどで導入されています。

### ⑤保険点数の低下

財政悪化などにより、保険点数が下がる可能性があります。

仮に保険点数が20％減の80％になった場合、年間売上5000万円、家賃1000万円、医療事務・看護師の人件費1000万円、開業医の年収3000万円のクリニックは、年間売上4000万円、家賃1000万円、医療事務・看護師の人件費1000万円、開業医の年収2000万円になります。開業医の年収は、3000万円から2000万円に下がる計算になります。

## ⑥急激なインフレ

もし急激なインフレとなり物価が上がれば、それに伴い家賃や人件費が増加する可能性がありますが、国の財政悪化により医療費は連動して増加できない可能性があります。

年間売上5000万円、家賃1000万円、医療事務・看護師の人件費1000万円、開業医の年収3000万円のクリニックの場合、インフレで家賃、医療事務・看護師の人件費が1・5倍になると、年間売上5000万円、家賃1500万円、医療事務・看護師の人件費1500万円、開業医の年収2000万円になります。さらに、インフレで家賃、医療事務・看護師の人件費が2倍になると、年間売上5000万円、家賃2000万円、医療事務・看護師の人件費2000万円、開業医の給与1000万円になります。

インフレにより経営が成り立たなくなれば、人を雇わずに運営していくことになりますが、医療事務1名、医師1名のクリニックが増えるかもしれません。現実的には、2倍のインフレになる可能性はまずないでしょうが、対策をするかしないかは別として、万が一のリスクを知っておくべきです。

02

# 開業医が抱える5つの悩み

## 開業医の先生からよく受ける相談内容

開業医の先生から相談を受けてきたなかで、多くの悩みが特定のパターンに分類されることがわかってきました。具体的には、「患者さんが少なく経営状態がよくない」「ネット業者が信用できない」「毎日同じことの繰り返しで飽きた」「子供が医者になれない」「スタッフとの人間関係がよくない」の5つです。順に解説していきます。

## 患者さんが少なく経営状態がよくない

「新規開業したものの予想以上に患者さんが集まらない」「近くに競合ができて患者数がかなり減った」「ネット検索で上位表示されなくなった」など、患者さんが少なく経営状態がよくないと悩んでいても、「誰に相談すればいいのか」「そもそも相談できる開業医仲間がいない」「どうすればいいのかわからない」という開業医がいます。

そうしたクリニック（ネット集患中心のクリニックは除く）の多くは立地に問題を抱えており、極論としては、移転する、ネット集患に力を入れるくらいしか打ち手はないのかもしれません。

## ネット業者が信用できない

クリニックを開業していれば、ネット業者から電話やメールで営業の連絡があることがあります。「効果があるサービスであれば導入したいが、信用してよいのか」などと迷いますが、面識のないネット業者からの電話やメールによる提案は、多くの場合、費用対効果がない可能性が高いといえます。

あまり意味のない施策に月数万円支払うのはもったいないことです。ネットサービスのなかには、知らないうちに無用なリスクを抱えてしまい、ある日突然、ネット検索結果で上位表示されなくなってしまうケースもあります。そのようなリスクはネット業者が教えてくれないことがほとんどですし、営業の人が知らないことすらあります。

ネット業者の営業のなかには、施策を導入してうまくいかなくても、開業医に知識がないことをよいことに、うまくいっていると説明したり、契約前は熱心に取り組んでくれていたのに徐々に疎遠になってしまう人もいます。

本書に書かれている内容をご理解いただければ、ある程度は判断することができるようになるでしょう。これからの時代の開業医はネット集患を避けて通れません。

## 毎日同じことの繰り返しで飽きた

医局人事とは異なり、開業医には転勤がありません。仕事の場所も内容も変わることなく、「毎日同じことの繰り返しで飽きてしまった」と嘆いている開業医も少なくありません。最初の1~2年は患者さんが増え、やりがいを感じて高かったモチベーションも徐々に下がってしまうことがあります。

医学の進展により寿命が長くなり、人生100年時代といわれていますが、人生100年時代における開業医の働き方も考えていきましょう。開業医は、40歳で開業し、70歳で閉院したとしても30年間、80歳まで続けたら40年間働くことになります。

開業医が天職で、働けなくなるまで働き続けたいという考えであれば素晴らしいことです。開業医にはさまざまな選択肢があり、自院の拡張や分院展開するのもよいですし、自分の働き方に合わせて診療時間や休診日を変更することもできます。あえて、休診日を増やしたり、非常勤の医師を雇用して自分の代わりに診療してもらう日をつくってもよいでしょう。

手術設備を完備した大規模クリニックが地方で繁盛していたものの、子供の上京に合わせて都内に移り、ビル診で小規模クリニックを始めたケース、スタッフとのトラブルが続き経営に疲れて勤務医に戻ったケースなど、時間の経過とともに価値観や状況が変化して、一度開業した場所で最後まで診療しないケースが増えています。開業医は、クリニックの内装や医療機器などに投資しているため、一度開業したら閉院するまで働き続けるのが一般的でしたが、これからは多様な働き方を選ぶ時代になるでしょう。

人間は、仕事をするためだけに最適化されているわけではありません。人とのつながりや趣味などによって、人生を豊かにすることができます。情報社会となり1人1台スマホを持つようになったことで、クリニックや家族以外に、別のコミュニティに所属しやすくなりました。医師会や大学時代の同級生、医局時代の先輩後輩などの仕事関係だけでなく、趣味や習い事などのコミュニティで、友人と楽しい時間を過ごすのもよいでしょう。

## 子供が医者になれない

開業医には後継ぎ問題があります。後継ぎがいなかったら閉院するか、価値があるクリニックであれば第三者へ売却することになります。

将来、医者という職業がどのようになっているかはわかりませんが、子供が医者になるかならないか、後を継ぐのか継がないのかによって、クリニックの経営は変わってきます。

一方、私立、国立ともに医学部受験は難化傾向にあり、医者の子供が医者になれなくなっている現実があります。医学部に合格するためには、70歳前後の世代が受験した1970年頃で日東駒専レベル以上、40歳前後の世代が受験した2000年頃で、偏差値50台後半のMARCHレベル以上の学力が必要でした。そして、現在は偏差値60台前半の早慶レベル以上の学力が必要なようです。

2000年頃の私立医学部の偏差値58以上は、全大学受験生のうち、だいたい10人中2番以内、現在の偏差値63以上は、だいたい10人中1番以内になります。この20年で難易度は2倍となり、かつての半分の狭き門になっています。親としては、自分たちの世代とは難易度がまったく異なることを理解しなくてはいけません。

一部の医学部では学費が安くなったこともあり、東大や京大などの難関国立大学、早慶などの難関私立大学の理系学部に進学していた高校生が医学部に進学するようになりました。その分、医者の子供が医者になれなくなっています。クリニックや病院がスムーズに世襲されることは、社会インフラの維持という観点からも重要だと思います。

私立医学部の一般受験における入学者は、現役よりも一浪のほうが多く、大学によっては現役よりも二浪のほうが多いこともあります。

中学受験や大学受験の対策を指南する書籍に書かれている内容や、子供を医者にした先輩開業医、予備校講師の知人たちに聞いた話から、どのようにして子供を教育するべきかについて傾向と対策をまとめてみました。まだまだ勉強中ですので、詳しい方はぜひ教えてください。

## ①中高一貫校に入学する

中学受験をして難関大学や医学部に合格実績のある中高一貫校に入学することにより、中学3年生から高校の英語や数学を先取り学習し、高校3年前期までに高校の履修範囲を終わらせることで、演習に時間を使うことができます。

気をつけなくてはいけないのは、中学受験がゴールではないということです。中学受験には英語も数学もありません。中学受験の結果により、大学受験に向けてスタートラインに立ったということです。

難関中学に入れれば、難関大学に入れるのではなく、「難関中学は難関大学に入れそうな優秀な生徒を選別しているから、進学実績がよい」ということです。当然ですが、中学に入ってからも勉強を続ける必要があります。

難関中学や高校のなかには、大学受験の面倒見があまりよくないところがあります。あえてそうしたところは避けて、偏差値は難関中学ほど高くないものの大学受験の面倒見がよい中学を受験するケースもあります。

偏差値の高い中学を狙って、子供の実力以上の難関中学になんとか入れたとしても、落ちこぼれてしまうこともあるようです。

## ②理系を選択させる

通常、文系と理系を決めるのは高校1年生の秋以降で、高校2年生の春から分かれます。理系を選択するために大切なのは、数学を苦手にしないことです。中学生の頃から子供を数学の塾に通わせている開業医もいます。

## ③医学部合格を目指す環境を用意する

中学1年生から大学受験向けの塾に入る子供もいます。医学部専門の塾であれば、同じく医師の子供たちが医学部を目指して切磋琢磨している環境です。中学生や高校生になると、親以上に学校や塾の先生、仲間の価値観に影響を受けるので、そういった価値観の環境を用意する必要があります。

「勉強しなさい！」と怒って子供が勉強すれば、どの親も苦労はしません。だいたいの親は子供が勉強しないことに苦労しているのが現実です。親のいうことを聞き入れやすい中学受験の頃とは異なり、子供が自ら医学部に合格するために勉強したいと思う状態にすることが大事になります。

現役で医学部に合格できなくても、一浪、二浪して合格するという粘り強さも必要かもしれません。

## ④私立医学部を目標にする

私立医学部であれば、英語、数学、理科2科目に勉強を絞ることができます。国立と私立両方を狙うよりも、私立に絞ったほうが効率的で勉強しやすいでしょう。

私立医学部は、学費が高額ではありますが、後継ぎになる可能性があるのであれば、投資としては十分の価値があるかもしれません。

## スタッフとの人間関係がよくない

開業医だけでなく会社経営者などにもいえることですが、経済的に恵まれていても、人間関係がうまくいかず不幸せな人が少なくありません。

人間は家族、親友など距離感が近い人が心のウエイトを占めるようにできています。クリニックにおいても一緒に働くスタッフとの心の距離感や関係性が大事です。

開業医は、家族の次にクリニックのコミュニティで過ごす時間が長く、価値観が同じ気の合うスタッフにはできるだけ長く続けて欲しいものです。

# おわりに――開業医としての幸せな生き方を最適化しよう

現在、私は39歳で、28歳で開業してから11年が経ちました。

私が開業した頃は、ネット集患に詳しい開業医はほぼいませんでしたが、クリニック経営やネット集患に詳しい開業志望の医師や開業医が以前より増えてきました。

今後は、経営を勉強したうえで開業する医師が多くなり、クリニック激戦区はますます増えていくことでしょう。

## ●新宿駅前クリニックで勤務していただける医師を募集中

新宿駅前クリニックのある新宿は日本有数の激戦区です。多くのクリニックが乱立しており、常に新規開院や閉院があります。

当院では、常勤医師や非常勤医師を募集しておりますので、ホームページの医師求人ページをご確認のうえ、メールにて直接お問い合わせください。

診療だけでなく、管理者や経営者として必要な知識を学ぶことができます。医師紹介会社からのお問い合わせもお待ちしております。

## ●開業医向けのクリニックコンサルティング

開業医向けにクリニックコンサルティングを行っております。2017年に『患者に選ばれるクリニッククリニック経営ガイドライン』（合同フォレスト）というクリニック経営についての本を出版してから、より多くの開業志望の医師や開業医から相談を受けるようになりました。

立地、ネット集患、スタッフとのトラブルなど、さまざまな問題点を一緒に考え、私自身、日々勉強させていただいており、多くの先生方の力になれて、やりがいを感じています。

本書は、すでにクリニックを開業している医師向け（応用編）の本ですが、『患者に選ばれるクリニック』は、開業志望の医師や、すでにクリニックを開業している医師向け（基礎編）の本になります。重複する部分はできるだけないように執筆しましたので、ぜひお読みください。ネット集患の内容は、本書で最新にアップデートしております。

## ●LHO＝人生の幸せの最適化を！

私自身、一度しかないであろう自分の人生について、どのように生きていけばよいのかを悩み続けてきました。

現在は、LHO（Life Happiness Optimisation＝ライフ・ハピネス・オプティマイゼーション）、人生の幸せの最適化を目指して生きています（LHOは完全な私の造語です）。

私は、LHOの一環として、クリニック経営や医療SEOだけでなく、病院選び、店舗のネット集客、幸せな生き方、婚活など自分の興味のある分野について勉強し、作家として、これまで6冊ほど本を出版してきました。ご購入いただいた方々には、この場を借りて御礼を申し上げます。

「なぜ婚活本？」と思われるかもしれませんが、結婚は人生のなかで最も大きなライフイベントの1つです。私は2016年に35歳で結婚することができ、今では5児の父親として子育ても勉強中です。

クリニック経営、ネット集患、婚活、幸せな生き方などに関するお悩みで相談したい方は、メールもしくはフェイスブックのメッセージにて、ご連絡ください（アドレスは巻末の著者略歴をご確認ください）。趣味の範囲内になりますが、新宿にある常連の居酒屋などで、軽くお酒を飲みながら無償で相談に乗っています。ホームページでも情報発信しております。ぜひお読みください。

開業医の先生方のクリニックのホームページ、ブログ、フェイスブックなどで、新宿駅前クリニック公式ホームページのURLと蓮池林太郎公式ホームページのURLを含めてご紹介していただくとありがたいです。先生方のホームページやブログにとっても発リンク効果が期待できます。アマゾンにおいても書籍のレビューに感想をお書きいただけると励みになります。

2021年3月吉日

**蓮池林太郎**

## 参考文献

●小松大介著、大石佳能子監修『診療所経営の教科書【第2版】〈院長が知っておくべき数値と事例〉』（日本医事新報社、2017年）
●小暮裕之『失敗を経て来院者数300％アップさせた院長が教えるクリニック経営の成功法則』（リスナーズ、2018年）
●梅岡比俊『12人の医院経営ケースファイル―私たちはどうやって経営トラブルを乗り越えて理想のクリニックを創ることができたか』（中外医学社、2019年）
●河村伸哉『クリニック広報戦略の教科書―自院のオフィシャルサイトを活用してGoogleに開業する』（日本医事新報社、2019年）
●永友一朗『Googleマイビジネス 集客の王道～Googleマップから「来店」を生み出す最強ツール』（技術評論社、2019年）
●相川佳之『僕が湘南に小さなクリニックを開業し、20年で「101院、年間来院者数230万人」の医療グループに拡大できた理由』（幻冬舎、2020年）

## 著者略歴

# 蓮池林太郎（はすいけ・りんたろう）

1981年生まれ。5児の父。医師、作家。

2006年帝京大学医学部卒業。国立精神・神経センター国府台病院臨床研修、国際医療福祉大学三田病院勤務を経て、2009年新宿駅前クリニックを開設。2011年医療法人社団SECを設立。開業医向けにクリニックコンサルティングを行う。

著書に『クリニックは立地で決まる! 患者が集まる開業場所の選び方』（日本医療企画）、『患者に選ばれるクリニック クリニック経営ガイドライン』（合同フォレスト）、『なぜ、あなたは結婚できないのか 医者が教える幸せな結婚』『これからの時代の幸せな生き方』（いずれもセルバ出版）などがある。


- 著者メールアドレス
  catdog8461@gmail.com

- 著者フェイスブック
  https://ja-jp.facebook.com/rintaro.hasuike
  ※友達申請をして、メッセージをつけてお問い合わせください

- 新宿駅前クリニック公式ホームページ
  https://www.shinjyuku-ekimae-clinic.info/

- 著者公式ホームページ
  https://www.hasuikerintaro.com/

●カバーデザイン：櫻井ミチ
●本文デザイン・DTP：株式会社明昌堂

# 競合と差がつく
# クリニックの経営戦略
## Googleを活用した集患メソッド

2021年3月26日　第1版第1刷発行
2023年10月29日　第1版第2刷発行

著　者　蓮池林太郎
発行者　林　諄
発行所　株式会社日本医療企画
〒104-0032　東京都中央区八丁堀3-20-5
S-GATE八丁堀
TEL　03-3553-2861（代）
http://www.jmp.co.jp/
印刷所　図書印刷株式会社


ISBN978-4-86729-007-1 C3034